W0305163

Nathalie Bailleux est historienne. Elle a été rédactrice en chef d'une des revues professionnelles de l'industrie de la mode. Auteur d'ouvrages pour la jeunesse, elle collabore aux collections Art de Vivre des éditions Flammarion.

Bruno Remaury a travaillé dans l'industrie de la mode, et dirige depuis 1989 le département Création de l'Institut français de la Mode (IFM). Il a été le maître d'œuvre du *Dictionnaire de la Mode au XXe siècle*, paru en 1994 aux Editions du Regard.

Pour Lily

Tous droits de traduction
et d'adaptation réservés
pour tous pays
© Gallimard 1995

Dépôt légal : mars 1995
Numéro d'édition : 67369
ISBN : 2-07-053270-4
Imprimerie Kapp Lahure
Jombart, à Evreux

MODES & VÊTEMENTS

Nathalie Bailleux et Bruno Remaury

DÉCOUVERTES GALLIMARD
ART DE VIVRE

«Les vestemens servent pour couvrir notre vergoigne de nudité, et a defendre le corps contre l'intemperie de l'air, le froid et le chaud» (*Traité non moins utile que délectable sur les habits, mœurs, cérémonies, façons de faire anciennes et modernes du Monde*, 1601). La pudeur et la protection sont traditionnellement tenues pour les premières fonctions du vêtement et pour l'origine même de son existence.

CHAPITRE PREMIER

LE DEGRÉ ZÉRO DU VÊTEMENT

Adam et Eve, comme ces «hommes sauvages», attendent les vêtements qui les feront de sortir de l'«état de nature».

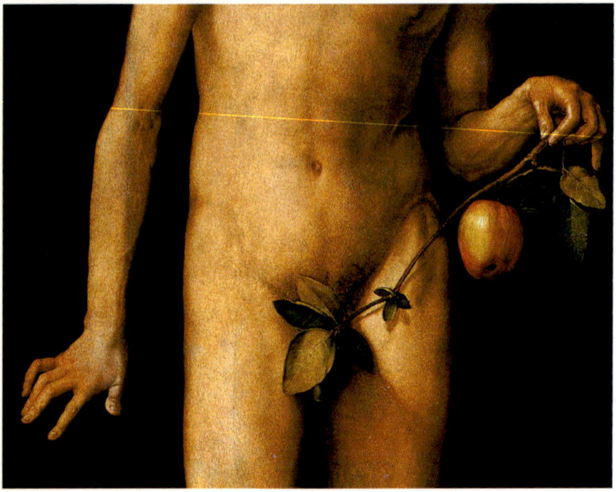

Selon saint Bernard, «le péché d'Adam a rendu le vêtement nécessaire». Le vêtement apparaît alors comme le signe tangible de la chute, et la marque même de l'infamie de l'homme.

Ils virent qu'ils étaient nus... et se couvrirent

Dès qu'Adam et Eve, dans le jardin d'Eden, goûtèrent au fruit de l'arbre de la connaissance, leurs «yeux se dessillèrent et ils connurent qu'ils étaient nus» (Genèse III, 7). La découverte de la nudité apparaît ainsi comme le premier moment d'après la chute. Aussitôt Adam et Eve la dissimulent à l'aide de feuilles de figuier cousues ensemble. Plus tard, quand Yahvé l'appellera, l'homme se dérobera à ses yeux en prétextant qu'«il a eu peur car il était nu». Yahvé chasse alors l'homme et la femme du jardin d'Eden, non sans leur avoir auparavant confectionné des «tuniques de peau dont il les revêtit» (Genèse III, 21).

Ce mythe de l'aube de l'humanité fait apparaître deux des fonctions essentielles du vêtement : la pudeur et la protection. Pudeur de l'homme et de la femme qui couvrent de feuilles leur nudité, devenue honteuse par la connaissance. Protection de la peau d'animal qui sert d'enveloppe protectrice à un homme lancé dans un monde devenu hostile. Ces préoccupations sont des constantes du comportement humain; quelle que soit en effet sa culture, l'homme libre n'est jamais nu, même lorsqu'il est peu vêtu. On trouve toujours trace d'un «minimum» vestimentaire, même s'il ne s'agit que d'un

“Ils auraient pu être nus, [...] s'ils n'avaient porté un cache-sexe, des bijoux, des peintures, un maquillage, des scarifications, des cicatrices, une coiffure et même des armes ornementales. [...] Ces individus ressemblent à des nus, mais ne le sont pas.”

Paul Yonnet
Jeux, modes et masses, 1987

«revêtement» de signes et d'ornements, comme le tatouage : enveloppe magique autant que parure esthétique et élément de langage.

L'ange et la bête

Dans les sociétés occidentales et chrétiennes, la nudité appartient à un imaginaire édénique, celui de la nudité «chaste», de l'enfance aux camps de naturistes, et à un imaginaire «satanique», de la décomposition de la chair à la nudité érotique. La nudité totale devient alors le signe de l'état de nature, que ce soit celui (tout relatif) de l'ange, ou celui de la bête. Saint François d'Assise, pour signifier son retour à l'état d'enfant de Dieu, abandonne son vêtement et se présente nu à la foule et à son évêque. Il revendique ainsi l'abandon de ses richesses mais, plus encore, celui de son appartenance à la société des hommes. A l'opposé, dans la légende arthurienne, sire Gauvain, saisi par la folie, se jette dans la forêt, se dépouille de ses vêtements et retourne à un état semi-animal, vivant nu et se nourrissant de racines.

Sur cette fresque de Giotto, l'évêque voile la nudité de saint François d'Assise avec son manteau, montrant ainsi qu'il le reçoit au sein de l'Eglise.

Cet usage de la nudité perdure : dépouiller quelqu'un de ses vêtements revient à «gommer» socialement l'individu qui est en lui. Du militaire que l'on dégrade en lui retirant ses insignes et sa veste d'uniforme à l'esclave exhibé et vendu aux enchères, jusqu'au déshabillage du conseil de révision (seuil symbolique de passage d'un statut à un autre), la nudité traduit bel et bien une déchéance. Obligation morale autant que pratique, le vêtement est l'un des signes tangibles de notre humaine condition.

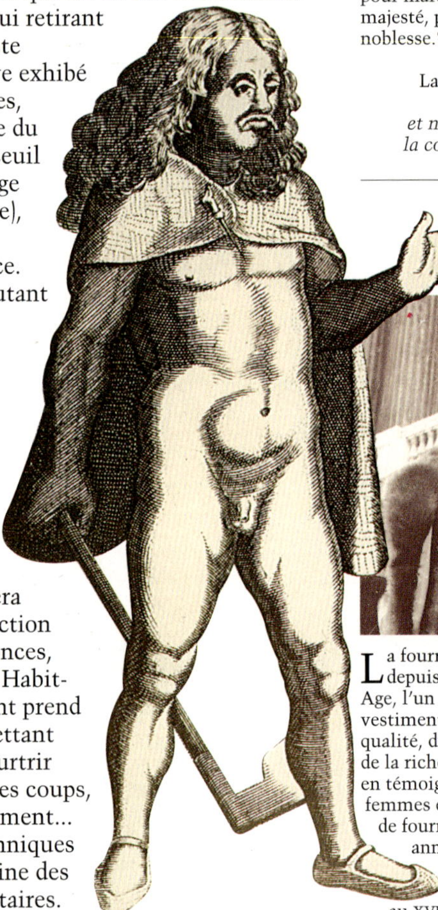

Une carapace

La peau de bête dont Dieu couvre Adam et Eve avant de les chasser leur sera à la fois abri et protection contre le froid, les ronces, la dureté du sol, etc. Habit-habitacle, le vêtement prend valeur d'outil, permettant de courir sans se meurtrir les pieds, d'amortir les coups, de faciliter le mouvement...

Les nécessités techniques sont souvent à l'origine des évolutions vestimentaires. Du vêtement de guerre au vêtement de travail, du vêtement de chasse au vêtement de sport, l'homme n'a cessé d'innover, adaptant sans cesse le vêtement à de nouvelles exigences. Perfectionnant sans cesse ses coquilles, l'homme a exploré de nombreux matériaux : des fibres végétales, douces et fraîches, aux fibres animales, chaudes

❝Les peaux de bête de quoi nos pères étaient couverts sont retenues pour marques de majesté, pouvoir et noblesse.❞

Nicolas de La Framboisière, *Advis utile et nécessaire pour la conservation de la santé*, 1639

La fourrure est, depuis le Moyen Age, l'un des signes vestimentaires de la qualité, du pouvoir, de la richesse, comme en témoignent ces femmes en manteau de fourrure dans les années 1950 (ci-dessus). Imaginé au XVIIe siècle, l'«homme préhistorique» (ci-contre) porte fourrure et souliers à bride !

et gonflantes, du cuir des tabliers à la maille métallique des cottes, de l'amiante des combinaisons au Goretex des vêtements de sport. Travail sur les matériaux et les formes pour mieux envelopper sans contraindre, protéger sans entraver.

Le Perfecto est un parfait exemple de coquille vestimentaire. Elément de l'uniforme des motards, il est confectionné dans un cuir extrêmement raide et épais, pratiquement indéchirable en cas de chute.

Carapace de cuir, le Perfecto est à l'origine fabriqué aux Etats-Unis par la firme Schott, créée en 1915. C'est elle qui fabrique, à partir de 1928, les premiers blousons de motards pour Harley-Davidson. En 1960, Schott rachète la marque Perfecto, devenue aujourd'hui une appellation générique.

Sa croisure sur le devant permet, en doublant l'épaisseur, de mieux protéger la poitrine, partie du corps la plus exposée au vent de la course. Grâce à ses pressions, le col peut être plaqué sur les épaules afin de l'empêcher de battre. Enfin, son empiècement dans le bas du dos assure, à l'aide de la sangle, une «tenue» optimale des reins.

L'invisible et l'occulte

Protéger son corps, c'est ainsi l'abriter derrière une carapace qui réponde à des besoins physiologiques. A l'extrême, le vêtement peut aussi devenir protection contre les maladies.

Au XVIIe siècle, en l'absence de réelles notions prophylactiques, les médecins qui soignent les pestiférés s'abritent derrière un rempart d'étoffes et d'aromates censé les prémunir de la maladie.

A une époque où le corps est perçu comme une matière «poreuse», perméable à toutes les agressions, où l'invisible occupe presque plus de place que le visible dans la représentation du monde, le vêtement protège de ce qui se voit et se sent, mais aussi des maux occultes. L'ornement des ouvertures (col, poignets, bas des jupes), qu'il s'agisse de passementerie, de ruban ou de dentelle, pourrait ainsi recouvrer des significations magiques

«Le démon se sert des fenêtres de notre corps pour faire entrer la mort avec le péché dans notre âme.»
Boileau, *De l'abus des nudités de gorge*

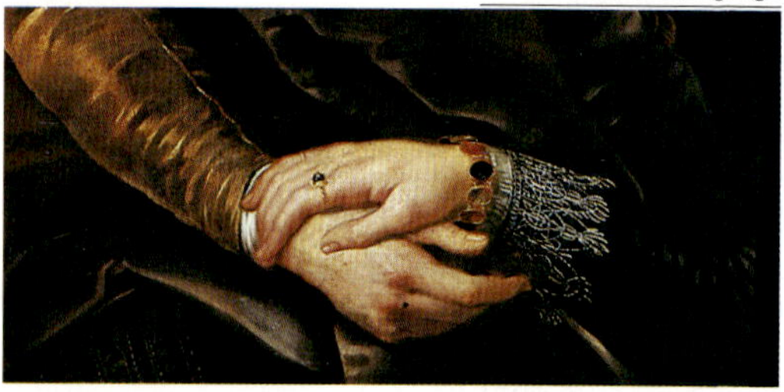

Les dentelles, rubans et broderies, mais aussi les pierres précieuses ou le corail revêtent une double signification : protection magique et marque de prestige social. Ci-dessus, bijoux et dentelles se mêlent dans ce détail d'un tableau de Rubens ; ci-contre, Elisabeth Van der Aa, peinte par Keyser avec son plus beau linge, exprime son rang par sa coiffe et sa fraise.

Le jeune chevalier peint par Carpaccio (à droite) est presque entièrement protégé de métal. Lourde et contraignante, l'armure exige le port d'un vêtement de dessous court et matelassé, le doublet, qui deviendra le pourpoint.

– sauver le corps des démons – tout autant qu'orner le vêtement. En recouvrant les «fenêtres du corps», le vêtement protège du Malin.

Défense réelle autant que symbolique, la fourrure n'est-elle pas d'autant plus chaude qu'elle incarne la force et la chaleur de l'animal dépouillé ? On plaçait ainsi, en Occident, l'enfant nouveau-né dans la chemise de son père afin de lui apporter force et vigueur. De même, en Chine, les pantoufles des petits enfants s'ornent de têtes de tigres, de lapins, etc., dont les yeux brodés ou peints sont censés prévenir l'enfant des chutes.

Quant aux peintures corporelles des Indiens d'Amérique du Nord, elles sont à la fois des masques destinés à saisir l'ennemi de frayeur et des marques de prévention contre les mauvais esprits.

Armer le corps

Certains vêtements et accessoires sont à ce point sophistiqués qu'ils en deviennent de véritables prothèses – extensions mécaniques du corps. Les talons ou la canne sont de principe simple; d'autres, comme l'armure du chevalier, sont beaucoup plus complexes car comportant une infinité de pièces distinctes, articulées entre elles, afin de protéger les points vitaux du corps en le contraignant le moins possible. Certains de nos vêtements actuels ont ainsi été créés avec un souci de répondre à un cahier des charges extrêmement précis : étanchéité pour la combinaison du plongeur, asepsie pour l'habit du chirurgien...

Le vêtement guerrier du Moyen Age se divise en deux familles, la cotte de maille et l'armure. La technique de la cotte de maille, réseau de fils de métal «maillés» à la manière d'une chaîne, se développe du Xe au XIVe siècle. Souple et relativement légère, elle se combine à partir du XIVe siècle avec celle de l'armure, formée d'un ensemble de plaques de métal articulées et martelées suivant les formes du corps : hausse-col, camail couvrant les épaules, brassard, cuissardes, jambières... qui composent la «panoplie». Sur l'armure, on porte souvent une livrée d'étoffe, aux couleurs de ses armes ou de la personne pour qui l'on combat (à gauche, une scène du film de Kenneth Brannagh, *Henri V*, dans le camp des Français «fleurdelysés» à la bataille d'Azincourt). Jeanne d'Arc est l'une des rares femmes a avoir porté l'armure, vêtement réservé aux hommes, ce fut d'ailleurs la cause de l'un des chefs d'accusation lors de son procès (Ci-contre, Sandrine Bonnaire dans le film *Jeanne d'Arc* de Jacques Rivette).

Le *trench-coat*, littéralement «manteau de tranchée», a été créé pendant la Grande Guerre pour les officiers de l'armée britannique. Confectionné dans une toile souple et résistante, en coton imperméabilisé, il est garni d'une chaude doublure amovible. Son col, comporte une mentonnière qui, attachée par une sangle, le bloque en position relevée, empêchant la pluie de pénétrer à l'intérieur du cou. Les pattes d'épaules maintiennent les sangles du «barda» ainsi que les éventuelles bandoulières. Les pattes de serrage des poignets évitent que l'eau ruisselle à l'intérieur des manches. Un bavolet libre dans le dos permet une plus grande aisance des bras. A l'intérieur des pans de devant, deux bandes de tissus viennent s'enrouler autour des cuisses, maintenant le bas du vêtement bien collé au corps. Enfin, la ceinture comporte des anneaux où l'on peut suspendre, pour garder les mains libres, la gourde ou les grenades. Devenu vêtement de ville, le «trench» n'a rien perdu de sa spécificité.

Ramené à la ville comme nombre d'autres vêtements d'origine militaire, le *trench-coat* de l'officier, ci-contre, à gauche, reste aujourd'hui inchangé, même si de nombreux détails, comme les anneaux porte-grenades, sont tombés en désuétude. Devenus des *motifs*, ils permettent d'identifier sur le capitaine Blake, héros de la bande dessinée *Blake et Mortimer* (ci-contre), le véritable *trench-coat*, qu'on ne peut en aucun cas confondre avec un autre imperméable comme la gabardine ou le Mackintosh.

L'usage de modeler son corps en le façonnant est une pratique ancienne, comme en témoignent les Romaines de la mosaïque de la villa du Casale, à Piazza Armerina, en Sicile (en haut à droite). Le mot «corset» apparaît en 1829, diminutif de *cors*, forme ancienne de *corps*. Sous-vêtement féminin articulé par des baleines, destiné à maintenir la poitrine et les hanches, il restera en vogue jusqu'aux années 1910, symbole d'une époque où il était impensable qu'une femme de qualité apparaisse en public sans avoir la taille étranglée dans ce carcan.

Modeler le corps

Evoquant dans *Reines de France* l'évolution des corps féminins, Jean Cocteau remarque en 1952 que «mademoiselle de Grandlieu, dont Balzac nous décrit la laideur et qu'il présente comme inmariable, serait aujourd'hui à la mode alors qu'on trouverait bien molle et bien grasse Esther, le type de la beauté du moment». De la Pompadour à Bardot, chaque époque se réfère à un canon de beauté. Modelant le corps, le «vêtement mécanique» permet à chacun de s'accorder à ces modèles. Dès l'Antiquité gréco-romaine, les femmes se bandaient les seins à l'aide d'une pièce d'étoffe; les poitrines volumineuses étaient alors peu valorisées, surtout si elles n'étaient pas maintenues. Plus tard, le Moyen Age donnera naissance à ce qui deviendra le corset, une pièce de vêtement rigide enserrant la taille, surélevant les seins et délinéant les hanches. Il exerce son action au moyen de baleines, à l'origine en fanons de baleine, puis en métal et en matière plastique, ou d'un busc, pièce d'estomac en bois ou en métal. Son action de compression de la taille s'accompagne souvent aussi d'une action d'expansion des autres parties du corps, coussins ou armatures venant soulever les seins, rembourrages destinés à arrondir les hanches...

«Elle se déshabillait brutalement, arrachait le lacet mince de son corset qui sifflait autour de ses hanches comme une couleuvre qui glisse.»

Philippe Sollers, *La Guerre du goût* (évoquant Emma Bovary)

Chez Dior, dans les années 1950, chaque collection s'identifie à une ligne : lignes H, A, Y, libre, fuseau, etc. Ci-dessus, la ligne «corolle» de 1947, immortalisée par le tailleur *Bar*, qui donnera naissance au New Look.

Comprimer-exprimer

Modelant le corps, le vêtement mécanique permet à chacun d'atteindre l'idéal de beauté de son temps. L'anthropologue Alfred-Louis Kroeber a étudié au tournant du siècle l'évolution de la silhouette féminine à travers un corpus de gravures de mode réparties sur plus de cent ans, mettant en évidence des rythmes réguliers dans les réapparitions cycliques de trois formes de base : la tournure, le fourreau et la cloche. Pour s'adapter aux canons, le corps se contraint à l'extrême et donne, selon les modes, une silhouette toupie, en S, en V... Le corset s'apparente alors à un véritable «instrument de torture», décrit comme tel, par exemple, par Jacques Laurent dans le *Nu vêtu et dévêtu* : «[Le corset en vogue dans les années 1890] est sur le devant constitué par un long contrefort métallique qui

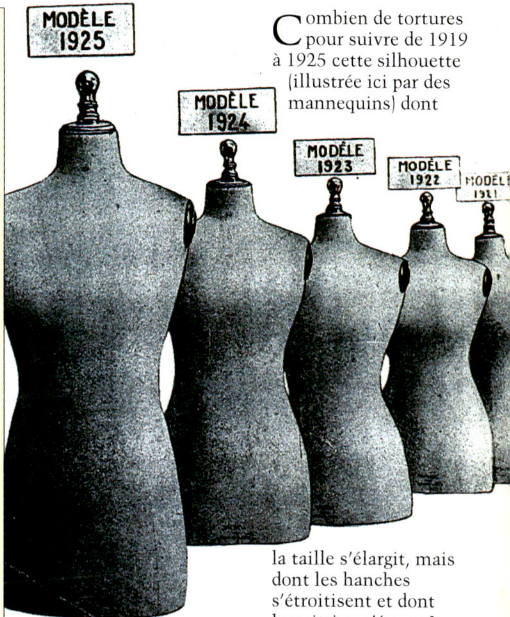

Combien de tortures pour suivre de 1919 à 1925 cette silhouette (illustrée ici par des mannequins) dont la taille s'élargit, mais dont les hanches s'étroitisent et dont la poitrine s'écrase ?

efface le ventre, le comprime jusqu'à le creuser. Le bas du corset meurtrit volontairement les aines pour obliger celle qui le porte à chercher un soulagement en creusant les reins. L'engin s'appelle un "sans-ventre". Il est fermé par des crochets.»

Ces pratiques sont loin d'être exclusivement féminines ; des corsets esthétiques pour hommes, destinés à comprimer le ventre, se vendaient encore en France dans les années 1960. Aujourd'hui, si les gaines, soutiens-gorge à balconnet et autres vêtements mécaniques existent

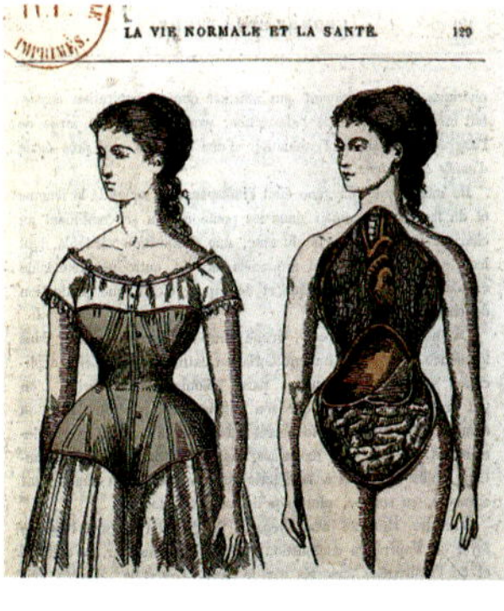

«Voici donc transformée la ligne de la Femme habillée. Là où nous étions accoutumés à la voir se creuser, soudain elle se renfle ; là où elle se gonflait, maintenant elle s'aplatit. Ce que l'on dissimulait, on le montre ; ce que l'on déguisait, on l'étale ; ce sur quoi l'on glissait, on l'accentue.»

Gazette du Bon Ton, 1913

encore, on façonne toutefois moins son corps par des vêtements que par des régimes, des massages, de la chirurgie...

Les parcours du motif

Tous ces vêtements «techniques» ont donné naissance à de nombreux motifs vestimentaires dont

nous avons souvent oublié les origines. Le blazer classique ne se rappelle pas toujours que la boutonnière de son revers est le souvenir d'un boutonnage aujourd'hui disparu, ni que son col tailleur est un ancien col officier que l'on a ouvert et rabattu. Ses boutons de manches sont la trace d'un avant-bras autrefois ajusté et ses fentes permettaient le passage de l'épée. De la même façon, la fraise du XVIe siècle était la transcription en un accessoire ornemental des fronces d'encolure de la chemise médiévale. L'apparition de motifs et d'ornements suit généralement les variations du goût, alors que les

Un jeune cavalier peint par David en 1795 (à gauche), deux élégants aux courses en 1830 (ci-dessus), l'empereur Hiro-Hito en visite officielle à Paris en 1920 (à droite) : trois étapes de l'évolution des usages de la redingote, en même temps que de l'internationalisation du modèle occidental.

évolutions techniques et de structures du vêtement sont le plus souvent conditionnées par l'évolution des besoins et des fonctions. Ainsi, la coiffe bretonne de la région de Douarnenez, déjà soumise aux variations du goût mais sans grande modification de structure, change-t-elle radicalement lorsque les paysannes deviennent ouvrières dans les conserveries : ses ailes diminuent, puis disparaissent afin qu'elles soient plus à l'aise dans leur travail.

Un détournement : le «riding-coat»

Selon l'historien anglais du costume, James Laver, la forme d'un vêtement est toujours issue du fonctionnel. Récupéré par la mode, le vêtement de guerre, de sport, de chasse, de loisir ou de travail devient progressivement vêtement de ville. Il peut ensuite être assimilé à des fonctions de représentation, jusqu'à devenir vêtement de cérémonie, puis finalement pièce historique avec laquelle on peut jouer, soit pour la réinterpréter de manière contemporaine dans la mode, soit pour se déguiser.

Le *riding-coat* était à l'origine, en Angleterre, un vêtement de dessus servant à l'équitation. Passé à la ville sous l'influence de jeunes gens «à la mode» au début du XVIIIe siècle, les *fashionables*, il s'impose comme un vêtement quotidien dans le courant du siècle. Franchissant la Manche, il devient, sous une appellation francisée, la redingote. Très vite institutionnalisée, elle est alors le vêtement du plus grand nombre. Le tournant du siècle, l'Empire puis la Restauration la consacrent définitivement. Avec le Second Empire, elle s'officialise et devient un vêtement de circonstance, pour être peu à peu

Dernier avatar de la redingote, sa récupération par le vestiaire féminin des années 1980 ; ci-dessous, un modèle de Karl Lagerfeld.

remplacée à la ville par le veston à partir des années 1860. Au début de notre siècle, la redingote n'est déjà plus qu'un vêtement officiel, malgré un sursaut au début des années 1950, où elle est portée par les *Edwardians*, mouvement britannique qui revendique, dans le courant nostalgique de l'immédiat après-guerre, une apparence vestimentaire héritée du XIXe siècle.

La redingote disparaît finalement des garde-robes pour entrer au musée, jusqu'à ce qu'une époque récente la retrouve, réinterprétée pour le vestiaire féminin.

Une métamorphose : le T-shirt

Le maillot de corps apparaît en tant que sous-vêtement pour homme dans la seconde moitié du XIXe siècle, sous une forme similaire à celle d'aujourd'hui : corps cylindrique en maille de coton et bordage plat à l'encolure. Maillot de corps réglementaire de l'US Navy dès 1899, il s'impose comme vêtement à part entière grâce au développement des pratiques sportives. Dans les années 1920, les clubs sportifs des grandes universités américaines (UCLA notamment) commencent à le personnaliser à l'aide d'inscriptions. Dans les années 1930, il devient un support publicitaire, vantant les mérites d'un camp de vacances ou d'un film, la première fois pour *Le Magicien d'Oz* en 1939.

La Seconde Guerre mondiale contribue de manière décisive à sa diffusion : porté par les

militaires américains, il est produit en masse, sur un modèle fixé en 1942 par l'US Navy, sous le nom de «T. Type shirt» désignant la forme en T. Ramené à la vie civile par les *marines*, le T-shirt se popularise aux Etats-Unis et en Grande-Bretagne. Grâce notamment au cinéma et au rock'n roll, il finit par incarner un modèle vestimentaire universel pour la jeunesse. Devenu depuis trente ans l'un des supports privilégiés de messages, de la musique à la littérature et à la politique, le T-shirt apparaît comme un exemple parfait de déplacements d'usage et d'adaptation d'une pièce de vêtement à la mode.

Le passage du dessous au dessus semble, à l'instar du passage du vêtement «technique» au vêtement quotidien, un phénomène régulier dans l'histoire du costume. Les années 1980 ont ainsi vu l'adoption massive par les femmes du caleçon long de maille, sous-vêtement masculin à l'origine.

Leaders sur le marché mondial, deux sociétés américaines se disputent la paternité de la création, ainsi que la fabrication, des T-shirts portés par les marins de l'US Navy (à gauche) : Hanes, qui en lance la production en 1935, et Union Underwear, dépositaire de la marque Fruit of the Loom. Chaque Américain achète aujourd'hui près de trois T-shirts par an ; l'Européen deux fois moins, malgré une croissance annuelle régulière de 10 %.

«Une mode a à peine détruit une autre mode qu'elle est abolie par une plus nouvelle, qui cède elle-même à celle qui la suit, et qui ne sera pas la dernière ; telle est notre légèreté» (La Bruyère, *Les Caractères*). La mode prend un malin plaisir à détourner, à recycler celles qui l'ont précédée. Pour innover, les couturiers, les créateurs et tous ceux qui portent les vêtements jouent avec quelques pièces d'habillement, qu'ils détournent, combinent ou revisitent au fil des saisons.

CHAPITRE II
PLUS DE MODES QUE DE VÊTEMENTS

Robes gironnées ou à la levantine, robes volantes ou princesse... certaines sont devenues célèbres, comme *En plein cœur* de Paul Poiret, *Trèfle à Quatre* de Charles James ou *Junon* de Christian Dior... A droite, la robe *Mondrian* d'Yves Saint Laurent (1965) et à gauche la robe *Lampire* de Christian Lacroix (1987).

Tandis que le rouet transforme la production des étoffes, le passage d'un vêtement flottant à un vêtement ajusté nécessite un savoir-faire, celui des tailleurs dont la corporation apparaît en 1402.

Des caprices de la mode

L'évolution collective du goût est à l'origine de nombreuses variations de l'apparence, y compris dans les sociétés dites traditionnelles. Dans le long terme, d'autres facteurs accélèrent ou renforcent ces engouements : apparition ou mutation de groupes sociaux, évolution des technologies et développement de la diffusion des modèles. Les mutations économiques et sociales de la fin du Moyen Age, comme celles de la Révolution industrielle ou de l'après-guerre forment ainsi autant de grandes étapes de l'histoire de la mode et du costume.

Au cours du XIVe siècle, les rythmes de transformation du vêtement se font de plus en plus rapides en fonction des progrès technologiques, notamment en matière de production de fils (invention du rouet) ou de teinture, ainsi que de l'évolution des échanges commerciaux (route de la soie, étoffes rapportées du Moyen-Orient).

C'est aussi à la fin du Moyen Age que naît le mot «mode», au sens où nous l'entendons aujourd'hui. Du latin *modus* (manière, mesure), il désigne dès 1393 «manière», puis «façon», qui conduira par ailleurs au *fashion* anglais. En 1482, le mot apparaît pour la première fois dans le sens de «manière collective d'habillement». Et s'habiller «à la mode nouvelle» devient en 1549, «être à la mode».

Un vestiaire pour chaque sexe

Jusqu'au XIVe siècle, l'habillement occidental n'a subi que peu de changements : ample, long et drapé, il n'a pas de caractères géographiques ou sociaux définis. L'ère nouvelle dans laquelle rentre l'Europe touche le costume par l'abandon d'un principe vestimentaire commun aux deux sexes. Dans les années 1340-1350, le vêtement se divise en deux, un haut et un bas, porté long pour la femme, court pour l'homme. Ajusté, il révèle et met en valeur le corps comme il ne l'avait jamais fait jusqu'alors.

Le vêtement de base des hommes est alors composé de deux pièces : le pourpoint et les chausses. Les chausses sont deux tubes de toile qui arrivent jusqu'au haut des cuisses où elles rejoignent le bas du pourpoint auquel elles s'attachent à l'aide des aiguillettes, cordonnets ou rubans passant dans des œillets. Le pourpoint, veste courte matelassée, tire son origine d'un vêtement que l'on portait sous l'armure pour protéger le corps du métal. Les femmes sont en robe, le plus souvent composée de deux pièces séparées, le corsage et la jupe.

Dessous, hommes et femmes portent à même la peau la chemise; à l'origine entièrement cachée, ne servant qu'à isoler le corps du vêtement, elle se laisse peu à peu entrevoir sous l'habit de dessus. C'est ainsi que l'extrémité des manches se rabat pour se transformer en manchettes, puis en poignets et qu'à la fin du XVe siècle la partie supérieure de la chemise se prolonge pour donner naissance au col.

«A la française»

La Cour, lieu privilégié de compétition et de séduction, sera longtemps le foyer principal de naissance et de propagation des nouveaux modèles.

“Les hommes avaient robes si courtes qu'elles ne leur venaient que aux fesses et quand ils se baissaient pour servir un seigneur, ils montraient leurs braies et ce qui estait dedans à ceux qui étaient derrière eux” (1346)

Les chausses sont accrochées au pourpoint par des aiguillettes. Le personnage ci-dessus porte en outre des braies, court vêtement de dessous, ancêtre du caleçon.

En France, elle passe de 270 personnes vers 1480 à 2000 personnes un siècle plus tard, pour devenir la plus grande d'Europe sous le règne de Louis XIV. Plus elle est puissante, plus son rôle prescripteur et la force de diffusion de ses modèles est importante.

Le costume, bien sûr, y occupe une place de premier plan, et c'est au détour d'une remarque sur un «habit peu ample», un «rabat presque d'ecclésiatique» ou des «manchettes plates» que se mesure la férocité des portraits que le duc de Saint-Simon trace de ses contemporains.

Les noms des deux vêtements de référence des Européens du XVIIIe siècle, la robe «à la française» pour les femmes et l'habit «à la française» pour les hommes, montrent bien l'hégémonie du goût français, goût international dès la fin du XVIIe siècle.

Le principe de la robe à la française évolue peu jusqu'à la période prérévolutionnaire : au corsage très ajusté est fixée une vaste jupe portée sur plusieurs

A la cour de France à la fin du XVIe siècle, les hommes portent le long pourpoint rembourré, à pointe proéminente, dit panseron, et les chausses longues et étroites, dites «à la polacre», rapportées de Pologne par Henri III. Les femmes portent encore la basquine, corsage rembourré très ajusté, ancêtre du corps, et la vertugade, ou vertugadin, jupon conique de toile rigide, qui deviendra le panier.

jupons. L'habit à la française est, quant à lui, composé de trois pièces. Le justaucorps d'abord, vêtement de dessus à manches longues, porté long et près du corps. La veste, portée entre la chemise et le justaucorps, également longue et près du corps, mais sans manches, au dos court et sans ornement ; seul le plastron en est visible, comme sur l'actuel gilet qui en dérive. La culotte, enfin, collante et coupée sous le genou, portée avec des bas.

La mode devient une industrie

Dès la fin du XVIIIe siècle, l'expansion de l'industrie textile – cotonnière notamment – dans le nord de l'Europe, la Suisse ou l'Angleterre, favorise de nouveaux moyens de production, alors que, pendant très longtemps, la fabrication était restée artisanale : hommes et femmes travaillaient, souvent à domicile, pour des marchands-fabricants, en fonction de la demande et en petite quantité.

Le Grand Siècle voit l'apogée d'une «consommation ostentatoire», conséquence de la vie de Cour (ci-dessus, à Versailles). Ainsi, la duchesse de Nevers possède, vers 1700, «8 robes de différentes étoffes, soie, damas, velours, 6 habits complets [manteau, jupe et jupon de même étoffe], 8 jupes, 2 jupons, 12 corsets de toiles et 2 corps piqués, le tout évalué à 950 livres, c'est-à-dire l'équivalent de 60 garde-robes féminines populaires» (Daniel Roche, *La Culture des apparences*).

Le beau linge

«Il convient à une princesse et gente dame de se vêtir des plus fins brocarts et de faire broder ses habits de perles, de diamants, de rubis et autres choses semblables» (*Dialogue sur les bonnes manières...*, XVIe siècle). Matières si précieuses en effet que les brocarts et les velours du XVIe siècle (ci-contre *François Ier* par Clouet et *Eleonor de Tolède* par Bronzino), tout comme les soieries lyonnaises (pages 38-39, *Madame de Pompadour* par Latour et *Watelet* par Greuze) se réemploient et se transmettent au même titre que l'or ou les bien les plus précieux. Avec le XIXe siècle, le luxe se déplacera progressivement vers une sobriété de bon ton (pages 40-41, *Monsieur Bertin* par Ingres et une *Jeune femme* par Tissot) car «ceux que l'on voit [...] exhiber de riches boutons en brillants et autres pierres précieuses passent aux yeux du monde pour des gens plus riches que vraiment distingués.» (A. Bergando, *Sur les bienséances sociales...*, 1882).

La Révolution industrielle bouleverse l'ancien système économique. La machine à vapeur transforme les méthodes de travail et favorise la naissance d'une véritable industrie textile. Ci-dessous, une toile de Jouy qui célèbre les travaux de cette manufacture d'impression sur étoffe créée en 1759. On y voit son fondateur, Oberkampf, salué par ses ouvriers.

En quelques décennies, l'invention du métier à filer mécanique (la *spinning-jenny*), du métier à tricoter, du métier à mécanique Jacquard, la naissance des premières manufactures d'impression, comme celle de Jouy-en-Josas, bouleversent les anciennes méthodes de travail. En faisant sauter le goulet d'étranglement que représentait la production des étoffes, la Révolution industrielle fait le lit de la mode moderne.

Fabrication et commerce du vêtement sont alors divisés en quatre métiers principaux : tailleurs et couturières se partagent la confection des vêtements de dessus, les lingères celles des dessous et les modistes, ou marchandes de modes, le commerce et la confection des «agréments» de la toilette. La confection se substitue peu à peu au commerce de la fripe – traditionnellement, en effet, les classes populaires s'habillaient de vêtements d'occasion revendus par les nombreux fripiers. Peu à peu, la confection devient le mode majeur de production de vêtements pour l'ensemble des classes populaires – ouvriers et petite-bourgeoisie. Son essor en France sera renforcé par l'introduction de la machine à coudre de Barthélemy Thimonnier à partir de 1830.

De nouveaux modes de distribution apparaissent. Aux galeries, comme celles du Palais-Royal dans les années 1780, s'ajoutent les boutiques de mode,

puis les premiers grands magasins – A la belle jardinière (1824), Les Trois Quartiers (1829), Le Bon Marché (1852), Le Printemps (1865), Les Galeries Lafayette (1899)... Le développement de la presse de mode – *Le Journal des Dames et des Modes* (1797), *La Mode* (1829), *Le Moniteur de la Mode* (1843), *La Mode illustrée* (1860)... – permet une meilleure diffusion de modèles lancés par les femmes du monde et repris par les couturières de province et de l'étranger.

Le charme discret de la bourgeoisie

La robe reste la pièce centrale du vestiaire féminin, faisant évoluer ses proportions au gré des modes : fourreau sous l'Empire et la Restauration, en cloche jusque dans les années 1850, à crinoline jusqu'en 1870, à tournure jusqu'en 1910. Le tailleur, emprunté au vestiaire masculin, fait quant à lui son apparition dans les années 1885. Chez les hommes, sous l'impulsion des changements sociaux de la fin du XVIIIe siècle, et malgré les nostalgies vestimentaires de l'Empire et de la Restauration, la redingote

En 1807, dans un Paris de 580000 habitants, la production de vêtements fait vivre 31651 personnes dont 3700 tailleurs, 1200 couturières et 2500 marchandes de modes. Ci-dessous, en 1798, les galeries du Palais-Royal, sorte de marché couvert dans lequel les commerçants louaient un emplacement à la journée ou à l'année. Le Palais-Royal était alors le quartier de la mode. Le déplacement des lieux du pouvoir vers l'ouest a été suivi par la mode vers l'Opéra, puis vers le faubourg Saint-Honoré et l'avenue Montaigne.

Le Second Empire voit l'apogée de la crinoline. A l'origine jupon baleiné de crin, elle devient vers 1855 une armature de cerceaux concentriques. «Cachant totalement, du bassin au talon, les formes réelles du corps féminin, cet édifice magnifie les formes irréelles d'un corps idéal» (Philippe Perrot).

Le Bon Marché, créé en 1852 (en bas), impose certains principes : l'entrée est libre, les prix sont fixes et affichés, le faible bénéfice par article est compensé par la rotation des stocks, le personnel est intéressé à la vente.

“Et les confections étaient là, dans cette chapelle élevée au culte des grâces de la femme : [...] il y en avait pour tous les caprices, depuis les sorties de bal à 29 francs jusqu'au manteau de velours affiché 1800 francs. La gorge ronde des mannequins gonflés d'étoffe, les hanches fortes exagéraient la finesse de la taille, la tête absente était remplacée par une grande étiquette, piquée avec une épingle dans le molleton rouge du col.”

Emile Zola, *Au Bonheur des dames*).

et ses variantes – frac, habit – succèdent à l'habit à la française. L'habit masculin renonce peu à peu à la couleur et à l'éclat. Le pantalon remplace graduellement la culotte, s'imposant définitivement à partir des années 1830. C'est vers 1860 qu'apparaissent les premiers «costumes complets», aux trois pièces confectionnées dans la même étoffe, et que naît le veston qui, associé au gilet et au pantalon, devient sous une forme quasi définitive notre costume contemporain.

C'est également ce siècle qui voit l'apparition d'un vestiaire destiné aux enfants – pantalons courts, costumes marins – qui n'est plus seulement une réduction du vêtement des adultes. D'une manière générale, le vêtement se spécifie, s'adapte aux couches sociales, aux classes d'âges et surtout, pour l'«élite», aux circonstances et aux moments de la journée. Ainsi, une femme du monde doit disposer de «tout ce qu'il lui faut pour faire, au besoin, sept à huit toilettes par jour. [...] Cela se complique, en été, des toilettes de bains et, en automne et en hiver, des toilettes de chasse et de patineuses».

Le couturier Charles Frédéric Worth développe le principe de fournir lui-même l'étoffe des robes qu'il confectionne et de les vendre à ses clientes en ajoutant au prix du tissu le prix de la façon, réalisant ainsi un double bénéfice. Il contribue également à réunir au sein d'une même maison des métiers autrefois disséminés. Ci-dessus, une cliente choisit son étoffe chez Worth en 1907.

«Le grand Worth ordonnateur de la fête sublime et quotidienne de Paris, de Vienne, de Londres et de Pétersbourg» (Mallarmé)

En 1858, Charles Frédéric Worth, surnommé par Poiret l'«instituteur de la haute couture», ouvre sa maison rue de la Paix. Il y présente – fait sans précédent – des modèles déjà réalisés portés par des jeunes filles appelées «sosies», ancêtres de nos mannequins. Fournisseur exclusif de l'impératrice Eugénie, il acquiert rapidement une renommée internationale et révolutionne les habitudes vestimentaires en introduisant la prescription professionnelle de la mode.

Dans *La Curée*, Zola présente sous le nom transparent de «Worms» un «tailleur de génie devant lequel les reines du Second Empire se tenaient à genoux». Il compare son salon à «une chapelle consacrée à quelque secrète divinité». Ici, la maison Worth au travail : pose des garnitures (à gauche, en haut), drapage des corsages (en bas) et salon d'essayage (ci-contre). Ci-dessus, Worth portraituré par Nadar en artiste : faluche de velours, cravate lâchement nouée, regard lointain... Comme le remarque Didier Grumbach, dans *Histoires de la mode*, «reconnu comme un artiste à part entière, le couturier, d'artisan anonyme, accède au statut de créateur et peut griffer ses créations».

En proposant des modèles tout faits, c'est lui qui décide ce que ses clientes vont porter, alors qu'auparavant elles choisissaient et composaient leur modèle elles-mêmes. Rythmant le cycle des modes, il crée également la notion de saisons.

Worth avait eu quelques «prédécesseurs», dont Rose Bertin, modiste de la reine Marie-Antoinette et surnommée «ministre de la mode», ou Hippolyte Leroy, fournisseur attitré de Joséphine de Beauharnais, mais il est le premier à quitter le statut de simple fournisseur pour devenir «grand couturier», orchestrant savamment le succès mondain de ses créations.

Un siècle durant, la couture française va imposer ses modèles dans le monde entier, représentée par des figures aussi singulières que Paul Poiret, Jacques

En 1910, la couture française se constitue en profession autonome en se séparant de la confection avec laquelle elle était liée jusqu'alors. Elle habille les femmes en sur-mesure et connaîtra un véritable âge d'or après la Seconde Guerre mondiale, comptant jusqu'à 106 maisons en 1946. Ci-dessus, la sortie des mannequins, rue de la Paix en 1910 ; à droite, des modèles de Doucet en 1920.

Coco Chanel ouvre sa maison en 1910, rue Cambon. Moderne, elle travaille des matières simplifiées comme le jersey (ci-contre en 1916), matériau jusque-là inemployé en couture, ou le tweed, et impose le principe des «bases» vestimentaires comme la fameuse petite robe noire, lancée en 1926.

Doucet, Jeanne Lanvin, Coco Chanel, Madeleine Vionnet… Avec eux, le couturier devient un «artiste du quotidien». Paul Poiret, promoteur d'un mouvement d'arts décoratifs, déclare qu'il n'est pas de domaine – couture, parfum, décoration – où le couturier n'étende son empire. C'est lui qui crée en 1911 les Ateliers Martine, dédiés aux arts décoratifs, ainsi que les premiers parfums de couturier. Dix ans plus tard, Coco Chanel le suit dans cette voie en lançant le mythique *N° 5*.
Désormais, la couture, le parfum et l'idée d'un certain art de vivre sont étroitement liés.

De la couture au prêt-à-porter

Toutefois, la haute couture reste l'apanage d'une classe aisée. La petite-bourgeoisie s'habille en «sur-mesure» chez des couturières qui reproduisent des modèles de Paris, et la classe ouvrière porte des vêtements simples, peu soumis à la mode, réalisés «prêts d'avance» en confection. La rupture se produit après la Seconde Guerre mondiale, avec l'apparition du prêt-à-porter.

«Parisien de Paris», ainsi qu'il se définit lui-même, Paul Poiret ouvre sa maison de couture en 1904 ; sa femme (ci-dessus) est son mannequin vedette. Son style met à l'honneur une silhouette souple, libérée du corset. Ses fêtes inoubliables – comme celle de la *Mille et Deuxième Nuit* – réunissent le Tout-Paris. Certaines se tiennent sous la voûte gonflable de l'Oasis (en bas, à gauche), installée en 1919 dans le jardin de sa maison de couture. A son nom reste aujourd'hui associé celui du dessinateur Georges Lepape qui a immortalisé nombre de ses modèles (en haut et ci-contre).

Développée sur le modèle du *ready-to-wear* américain, sous l'impulsion des industriels de la confection, l'appellation «prêt-à-porter» regroupe des collections, qui se distinguent de la confection par leur griffe, leur créativité et leur image «haut de gamme».

Coexistent alors l'âge d'or d'une certaine haute couture – Dior, Balenciaga, Balmain, Fath... – et les débuts balbutiants d'une autre création, plus jeune, plus ludique et moins chère, celle de nouvelles marques, comme Cacharel ou Dorothée bis. Un nouveau métier apparaît, celui des stylistes, «talents nouvellement apparus dans la mode, qui donnent à une industrie traditionnellement conformiste les apparences de la modernité» (Didier Grumbach, *Histoires de la mode*).

Dans les années 1960, le prêt-à-porter se développe tandis que la couture elle-même rajeunit, grâce à de nouveaux couturiers – Yves Saint Laurent, André Courrèges, Pierre Cardin... – qui créent aussi leur propre prêt-à-porter.

La presse – *Vogue* ou *Harper's Bazaar*, *Elle*, *Le Jardin des Modes* ou *Marie-Claire*... – relaie ce phénomène et contribue à son explosion. Tout un réseau se met en place qui, autour de la mode, en assure la diffusion : défilés et mannequins, photographes et journaux deviennent les nouveaux héros de cet «air de la mode» du début des années 1960, où un magazine comme *Elle*, alors mensuel, voit son tirage avoisiner le million d'exemplaires.

La haute couture se «démocratise» grâce au système des licences qui permet de griffer bijoux, accessoires, bas, chaussures. Elargissant leur emprise commerciale, la haute couture et le

Qui dit mode dit magazines... témoin cette couverture d'*Harper's Bazaar* conçue par Alexei Brodovitch (ci-dessus). Dans les années 1950, ils jouent – notamment *Elle* et *Le Jardin des Modes* – un rôle fondamental dans la diffusion du prêt-à-porter.

prêt-à-porter partent à la conquête de marchés plus larges, la première en s'internationalisant et en descendant «dans la rue», grâce à ses différentes lignes, le second en créant, avec l'aide de la presse et de la publicité, des univers de plus en plus séduisants.

Le prêt-à-porter propose des vêtements produits à grande échelle, sous une marque qui fait l'objet de campagnes publicitaires. Nombre de distributeurs et de couturiers se lancent dans cette aventure comme Yves Saint Laurent qui pose ici en 1966 devant la première des boutiques Saint Laurent Rive Gauche.

«La mode meurt jeune. C'est ce qui fait sa légèreté si grave» (Jean Cocteau)

Les générations suivantes enrichiront le jeu sans fondamentalement en changer les règles. Dans les

années 1970 apparaissent les «créateurs» : Kenzo, Jean-Charles de Castelbajac, Thierry Mugler, Claude Montana, Issey Miyake… qui entendent défendre une créativité forte, sans concessions, produite et diffusée grâce aux technologies du prêt-à-porter. Les années 1980 voient se développer des marques à fort concepts (Benetton, Esprit…), tandis qu'une seconde génération de créateurs se juxtapose à la première : Azzedine Alaïa, Jean-Paul Gaultier, Vivienne Westwood, Yohji Yamamoto, Rei Kawakubo (Comme des garçons)… Aujourd'hui comme hier, de nouveaux noms apparaissent chaque année dans la course à la création et à l'industrie, et Paris n'est plus l'unique scène d'une mode qui se fait aussi à Londres, à Tokyo, à Milan ou à New York, même si *the capital of fashion* en reste encore la vitrine privilégiée.

Se renouvelant sans cesse, la mode s'enrichit de croisements : une robe habillée dans un tissu sport, une veste d'homme dans un tissu «féminin», une chaussure de sport dans une matière luxueuse, un détail technique sur un vêtement de soirée… Elle joue de la ligne : long ou court, étriqué ou ample, fourreau ou cloche… Elle travaille aussi à déplacer et à réinterpréter les vêtements et les époques, faisant glisser une pièce d'un usage à un autre, d'une circonstance à une autre, traduisant ses formes et ses matières.

Les modes se succèdent à des rythmes de plus en plus rapides, prenant un malin plaisir à citer, reciter, recycler celles qui les ont précédées. Le «être ou ne pas être à la mode» d'autrefois a cédé la place à un

Depuis les années 1970, les créateurs de mode (à droite, un modèle de Yohji Yamamoto et à gauche, une robe de Thierry Mugler, photographiée par lui-même) se sont imposés aux côtés des couturiers d'hier. La mode est désormais une véritable institution, mise en scène par les défilés chaque saison, par des expositions, des livres, des catalogues, des émissions de télévision… L'industrie du textile emploie en France 160000 personnes réparties dans 11000 entreprises qui réalisent un chiffre d'affaires annuel de près de 70 milliards de francs. A l'échelle européenne, il s'agit d'un million de personnes, de 89000 entreprises et de 370 milliards de francs.

«être à la mode, oui, mais laquelle ?» Modes dites «institutionnelles» et modes dites «de la rue» se répondent, se nourrissant les unes les autres. A partir de ce patchwork d'images, libre à chacun d'inventer, de composer, de manipuler sa propre identité de mode, à l'intérieur du grand système vestimentaire qui règle depuis toujours les «figures du vêtement».

A gauche, une scène de défilé dans le dernier film consacré à la mode, *Prêt-à-porter* (1995) de Robert Altman. Le cinéma et la mode se sont, paradoxalement, peu rencontrés, quelques grands films cependant ont pris le milieu de la mode comme toile de fond. *Fashions of 1934* (William Dieterle, 1934); *Artists and models abroad* (1936); *Mannequin* (Frank Bor zage, 1938); *Falbalas* (1943-1945) de Jacques Becker qui se déroule dans le milieu de la haute couture parisienne; *Funny Face* (*Drôle de frimousse,* 1956) de Stanley Donen avec Audrey Hepburn, *Designing Woman* (Vincente Minelli, 1957) avec Lauren Bacall, *Qui êtes vous Polly Magoo* (1965) du photographe américain William Klein ou encore *Blow up* (1967) de Michelangelo Antonioni.

« Le vêtement nous renseigne sur son porteur. Il nous indique d'abord la provenance géographique : sari des Hindous, boubou des Noirs. Le costume normal, celui qui n'aura aucune valeur de signe distinctif dans la région où il est porté, en prend une dès qu'on voyage. Le vêtement indique aussi les différences de statuts, hommes et femmes, enfants, adultes et vieillards. »

Michel Butor, *Répertoire IV*

CHAPITRE III
DÉCOUVRIR LE MONDE

Notre costume affirme notre origine, notre culture… Chacun comprend cette langue et la reconnaît. A gauche, les costumes de la vallée de Bethmale dans l'Ariège, au début du siècle, et à droite, la «Chinoise», un modèle du couturier Dœuillet, en 1913.

Une topographie vestimentaire

HABITI

RACCOLTA

Les premiers recueils de costumes apparaissent au début du XVIe siècle, répondant au désir de connaissance du monde des hommes de ce temps. Celui que grave à Venise, vers 1580-1590, Cesare Vecellio – le frère de Titien –, intitulé *Des habits antiques et modernes de diverses parties du monde*, présente les habits vénitiens, romains ou napolitains ; les habits italiens, français ou allemands ; les habits européens ou les habits orientaux. En classifiant les pratiques vestimentaires, il propose bel et bien une carte du monde. Du XVIe au XVIIIe siècle, beaucoup d'artistes tels Desprez, Nicolaï d'Arfeuille, Bertelli, Amman, Liotard, etc., traceront de la même façon un portrait vestimentaire de la planète.

Formée d'une suite de clichés, de *topos*, l'image du monde vu à travers le costume devient simple et facile d'accès. Il suffit, à la manière de Dupond et Dupont, d'endosser le costume des «indigènes» pour devenir l'un des leurs et passer inaperçu. Ou encore, à la manière d'Astérix et Obélix légionnaires, d'identifier un costume pour deviner l'origine de celui qui le porte. On est proche de Georges Perec qui, dans *Douze Regards obliques*, rêve d'un monde découpé en pays des fourrures, pays des mangeurs de choucroute et pays des passe-montagnes en grosse laine tricotée.

Delineate dal Gran Titiano, e da Cesar
Vecellio suo Fratello, diligentemente
intagliate, conforme alle Nationi
del Mondo.

LIBRO VTILISSIMO

Ce monde d'images conduit l'ethnographie occidentale du XIXe siècle à interroger et recenser les populations du globe, compulsant sans relâche toutes les formes et tous les signifiés vestimentaires.

Les sociétés dites traditionnelles (populations rurales ou aux modes de vie perçus comme primitifs) deviennent des objets d'études, et en particulier sous l'angle des costumes régionaux. Le goût du pittoresque sacralisera ces particularismes, finissant par en faire des clichés. Ainsi, le nœud de l'Alsacienne ou la chéchia du Nord-Africain seront autant d'emblèmes, voire d'enseignes du paysage d'un explorateur. Cette vision conduira parfois le XIXe siècle à percevoir un caractère à partir du costume, associant dans une même observation la mélancolie des Anglais et leur usage des carreaux, les fichus noirs des Portugaises et leur goût du drame, les éventails des Japonaises et leur prétendu art de la dissimulation.

Aujourd'hui, cette topographie vestimentaire s'est considérablement réduite. Du fait de l'universalisation de certaines pièces, comme le jean ou le veston, les différences entre groupes géographiques passent de moins en moins par un vêtement régi par la coutume.

Le costume et l'époque : une chronologie vestimentaire

Dans son *Histoire du costume en Occident*, publiée en 1965, François Boucher s'appuie moins sur l'espace que sur le temps : s'il s'intéresse aux modes anglaises, françaises ou espagnoles, c'est surtout à l'intérieur d'une chronologie. Cette méthode historiographique s'était développée au XIXe siècle avec une peinture d'histoire qui cherchait à caractériser l'époque (et non plus le lieu) à travers son costume.

« La description du costume des populations étrangères est, [...] pour les chroniqueurs, les explorateurs et les auteurs de relations de voyage, un exercice littéraire obligé. Celui qui ignore la langue des autres et ne fait que passer ou séjourner brièvement parmi eux ne peut manquer d'être frappé par ce qu'il voit. Et ce qu'il voit, c'est d'abord l'habitat et l'habit. »

Jean Cuisenier, *Mille ans de costume français*, 1991

Le pirate turc, la tzigane orientale, la femme de marchand vénitien… que présente Vecellio dans son recueil relèvent d'une vision géographique du monde, dans lequel chacun tient une place bien précise à l'instar des villes, des fleuves et des reliefs dans les atlas. Nombre d'anciens recueils iconographiques de costumes sont conçus selon ce principe. Ils se multiplient au XVIe siècle dans les grandes villes du livre que sont Venise, Paris, Anvers, Francfort… et leur succès, rapide, profite du développement de l'imprimerie. Sans être des vecteurs de diffusion de nouvelles modes, ils participent à la circulation de nouveaux accessoires, ornements ou motifs.

ESKIMAUX ESQUIMAUX ESKIMOS

CHINE

A la recherche des costumes perdus

Lorsqu'il publie *Le Costume historique*, véritable somme encyclopédique gravée entre 1875 et 1888, l'historien français du costume Albert Racinet s'inscrit dans une perspective ethnographique. Ce recueil de 500 chromolithographies s'impose comme le premier ouvrage de référence proposant une vision exhaustive des formes du costume dans le monde. Décrivant l'univers des Esquimaux (en haut, à gauche), de l'aristocratie chinoise (en bas, à gauche) ou des populations océaniennes (ci-contre), il élargit la notion de costume à l'ensemble des extensions du corps que sont les armes, les outils, les objets quotidiens...
Il s'intéresse également à la technique générale du costume, décrivant les étapes de l'habillage du samouraï japonais (pages suivantes). Les informations fournies par ces ouvrages sont aujourd'hui encore une source majeure pour les historiens du costume, un «immense musée imaginaire [...] qu'on ne se lasse pas de visiter et de revisiter tant sont riches et variés les documents ainsi engrangés» (Jean Cuisenier).

Les historiens tels Leloir, Racinet, Quicherat, Demay ou Enlart se sont préoccupés de recenser les pièces de vêtements, et surtout d'en dater l'apparition et la disparition.

Les tableaux, les inventaires notariés après décès, les comptes des grandes familles permettent de situer dans le temps – avec plus ou moins de bonheur – les différents vêtements, et de définir et mesurer leurs cycles d'évolution. En retour, cette analyse chronologique a permis de dater certains tableaux en s'appuyant, par exemple, sur un détail de col ou de broderie. L'ethnographie et l'histoire ont ainsi permis de représenter, avec le maximum d'exactitude, le mousquetaire du XVIIe siècle ou le coolie chinois, le sans-culotte de la Révolution ou le samouraï japonais, la Bretonne ou la vestale.

Une source d'inspiration

Si le costume européen évolue tant au cours de son histoire, c'est qu'il est sans cesse traversé par des modes liées aux brassages de population. Après la prise de Constantinople par les Ottomans au XVe siècle, les courtisans européens adoptent le caftan, souvent garni de manches ouvertes. Au XVIIe siècle, la vogue des turqueries introduit en Europe, *via* la cour d'Angleterre, l'usage du gilet long, boutonné devant, qui détrône le pourpoint et devient, au XVIIIe siècle, une des trois pièces de l'habit «à la française».

Les tissus – la soie ou le cachemire, les indiennes ou la vigogne – sont également des nouveautés avec lesquelles les modes peuvent jouer à l'infini. Au XVIe siècle, en Italie, les courtisanes se parent de somptueux tissus importés du Moyen-Orient, en même temps qu'elles adoptent les premières culottes – inspirées du pantalon de harem – qu'elles portent sous la robe.

«Monsieur Jourdain : – Je me suis fait faire cette indienne-ci. Le maitre à danser : – Elle est fort belle. [...] Monsieur Jourdain, *entr'ouvrant sa robe, et faisant voir son haut de chausse étroit en velours rouge et sa camisole de velours vert* : – Voici encore un petit déshabillé pour faire, le matin, mes exercices.» Créé en 1670, *Le Bourgeois Gentilhomme* de Molière témoigne de la vogue des turqueries. Ci-dessus, Marie-Adélaïde de France portraiturée en costume turc par Jean Etienne Liotard.

Les noms des vêtements traduisent souvent leur origine : gilet vient du turc *yekel*, casaque du turc *kazakand*, châle du persan *shall*, pyjama du persan *pae jam*, boléro de l'espagnol *bola*... Le plus souvent liées au goût, ces importations peuvent également être motivées par des raisons pratiques, comme le mocassin de peau des Indiens adopté par les colons, ou l'anorak des Inuit ramené par les explorateurs de l'Arctique.

Aujourd'hui encore, l'imaginaire géographique du vêtement reste un répertoire inépuisable pour la mode.

« Si vous voulez monter au premier étage, on peut vous improviser, avec

des documents authentiques, un costume persan, qui vous fera honneur. »

Paul Poiret, *En habillant l'époque*

On joue des exotismes en empruntant le costume de l'autre, mais aussi en l'interprétant. Cette robe créée par Poiret en 1910 (ci-contre), est ouvertement japonisante. La veste d'intérieur pour homme de 1856 (ci-dessus), portée avec une chéchia, s'inspire du dolman des Hongrois.

A chaque âge son costume

Du lange au suaire, du premier costume à la robe de mariée, une succession d'apparences scande les moments de la vie. En Europe occidentale, petits garçons et petites filles sont longtemps restés jusqu'à l'âge de sept ans dans les «jupes de leur mère». L'expression s'entend au propre comme au figuré puisqu'ils portent la robe, tant pour des raisons pratiques que symboliques, ce vêtement les rattachant implicitement au monde féminin dont ils sont issus. Traditionnellement, le changement de vêtement souligne les rites de passage : l'adolescence, les fiançailles, le mariage, les relevailles ou le veuvage, la maladie et la mort... Les traditions liées à ces moments sont innombrables : on enterre les

couples dans leur costume de noces, afin qu'ils puissent se reconnaître ; on porte simultanément les vêtements en double le jour des noces, le fiancé offrant un exemplaire, la famille fournissant l'autre ; on arbore des étoffes de couleurs différentes suivant son âge au Japon ; on porte une broche ronde si l'on a mis au monde un fils en Kabylie ; on laisse ses cheveux libres en signe de virginité ; on dissimule son visage pendant le deuil, etc.

A chaque «passage» son costume, comme ci-dessous pour le mariage. Les enfants peints par Boilly au début du siècle dernier (à gauche) portent des petits «vêtements de grands» ; le petit cycliste en «robe» n'en est pas pas moins un garçon.

Aujourd'hui, alors que la jeunesse fait souvent figure de valeur universelle, les enfants rentrent de plus en plus tôt dans un vêtement de «grands» et les adultes repoussent le plus loin possible l'idée d'un vêtement qui vieillit, lui demandant même, dans certains cas, d'aider le corps à corriger les stigmates de l'âge

Le temps semble loin où les mères, à l'époque des fiançailles, achetaient à leurs filles des tailleurs stricts et à leurs fils des costumes sombre «pour les vieillir».

Depuis l'après-guerre – fait sans précédent dans l'histoire du costume occidental –, la distinction des âges en fonction de critères vestimentaires codifiés a presque totalement disparu. Homogénéité accentuée par la généralisation du sportswear.

Le *Trachtenbuch* (livre de costumes) de Matthäus Schwarz est un parfait exemple de «biographie vestimentaire». Banquier d'Augsbourg, né en 1497, il fait exécuter à partir de l'âge de 23 ans une série de 137 vignettes le représentant dans tous les costumes de sa vie... depuis son premier «costume» – le ventre de sa mère! – jusqu'au manteau de drap noir qu'il ne quitte guère dans ses dernières années. S'y affirment tour à tour les contraintes de l'habit de condition, la nécessité de paraître, le goût pour l'ostentation et l'extrême souci de soi d'un homme du XVIe siècle. Ci-dessus, Matthäus Schwarz à 11 ans et, pages suivantes, tout au long de sa vie.

14 ans, Matthaüs quitte l'école

19 ans, à la mode allemande

23 ans, le jour de son anniversaire

27 ans, trois tenues élégantes

41 ans, à la veille du mariage

44 ans, en manteau de fourrure

48 ans, en armure

56 ans, vêtu de «camelot»

Deux garde-robes

La distinction vestimentaire entre les sexes est universelle, même si elle est parfois subtile : chez les Lapons du sud du Nordland par exemple, l'homme et la femme portent des vêtements identiques, la seule différence résidant dans la répartition des couleurs – bleu sur fond rouge pour l'un, rouge sur fond bleu pour l'autre ; même ceinture mi-partie bleu et rouge, portée bleu en haut par l'un, rouge en haut par l'autre, etc. Dans d'autres sociétés, la distinction réside dans la manière de nouer le vêtement. En Asie du Sud-Est, le *sarong* féminin, pièce d'étoffe enroulée autour des reins devient, lorsqu'il est remonté entre les cuisses, le *sanpot* masculin.

Cette séparation est, depuis le XIVe siècle, particulièrement aiguë dans une société occidentale où les différences de statuts et de rôles assignés sont extrêmement rigides. Elle atteint son apogée au XIXe siècle, consacrant l'existence de deux garde-robes totalement distinctes dans les formes, les matières et les couleurs. Conséquence de ce dimorphisme, le vestiaire féminin s'est enrichi depuis la fin du XIXe siècle de la quasi-totalité du vestiaire masculin. La veste devient jaquette dans les années 1880 et la chemise, chemisier dans les années 1910. De même pour le *sportswear*. Le jean entre dans la garde-robe féminine dans les années

«C'était une jeune fille d'aujourd'hui, c'est-à-dire à peu près un jeune homme d'hier» (Paul Morand). Suivant les époques, détourner le vestiaire de l'autre, c'est jouer des différents registres de l'ambiguïté sexuelle.

Au XIXe siècle, George Sand, habillée en homme avait choqué ; au début du XXe, Colette (ci-contre) intrigue ; mais Katharine Hepburn, en 1936 (à droite), séduit par son ambiguité.

En 1970, Jacques Esterel travaille le vestiaire féminin pour habiller les hommes et propose une collection de robes, jupes et pantalons unisexes (ci-dessous).

1920, le T-shirt dans les années 1950, le caleçon long dans les années 1980... Mais si certaines pièces de vêtement sont effectivement portées indifféremment par garçons et filles, elles ne produisent pas la même identité : un jean et un T-shirt subliment parfois plus la féminité que d'autres vêtements. La vogue de l'unisexe des années 1970 et 1980 a largement exploré ces croisements et ces échanges. Garçons en chemises de soie et filles en blousons de cuir continuent toutefois d'opérer cette dynamique du vêtement, ce jeu de miroir de l'ambiguïté et de la séduction.

« De la nécessité de se couvrir, on est parvenu à la grâce du vêtement sous des formes différentes, à la distinction des peuples, et parmi chacun, à celle des différents états et conditions, ce qui a donné lieu à la parure et à la magnificence. »

F. A. Garsault, *L'Art du tailleur*, 1769

CHAPITRE IV

PENSER ET CLASSER LE MONDE

Par ses vêtements, l'homme témoigne de sa place dans la société : dans cet omnibus de 1880 (à gauche) se reconnaissent le bourgeois, la femme de condition et la femme du peuple, en costume régional. Le pâtissier (ci-contre) est tout aussi identifiable par sa «panoplie» professionnelle.

Dis-moi ce qui te vêt, je te dirai qui tu es

Le vêtement est un langage qui fonctionne comme un ensemble de signes : il raconte la vie de l'homme et, dès lors, de simple instrument de désignation, il devient instrument d'appartenance. Pour Cesare Vecellio, l'habit de «noble dame vénitienne» se distingue de l'habit de «porteuse d'eau» : même lieu (l'Italie), même temps (le XVIe siècle), mais conditions sociales différentes... Cette distinction sur le milieu est aussi fondée sur un principe simple : on n'échappe pas à sa condition.

Le vêtement devient ainsi à la fois instrument typologique et politique – on sort d'autant moins de sa condition que l'on en porte les marques, comme une seconde peau.

Cette «taxinomie» sociale permet de séparer l'opulence de la misère, le collet-monté du va-nu-pieds, différence qui faisait dire à Montaigne : «Entre ma façon d'être vestu et celle d'un païsan de mon païs, je trouve bien plus de distance qu'il n'y a de sa façon à un homme qui n'est vestu que de sa peau.» Ainsi se profile toute une population, traîne-savates, déguenillés et loqueteux, premiers des exclus vestimentaires de la société.

Le vêtement raconte l'état de l'individu, son rang, son statut, son activité. Les va-nu-pieds gravés par Callot, se distinguent sans peine des collets montés prenant le thé à l'anglaise chez le prince de Conti, portraiturés par Olivier en 1766 (ci-dessus).

Des lois somptuaires

Sous l'Ancien Régime, les déclassés – notamment les bourreaux et les prostituées – devaient être vêtus de manière spécifique afin que l'on puisse les distinguer rapidement et à distance... A la typologie sociale se juxtapose ainsi une représentation politique de l'apparence. Contrôler le costume devient un enjeu de

Que nous dit cet homme en bleu par son costume ? Son habit à la française – culotte et justaucorps – le désigne comme Européen. Sa perruque poudrée signale son appartenance aux classes les plus favorisées. La richesse ornementale de son vêtement, broderies et dentelles précieuses, sont trace de sa fortune. Le port de l'épée et des talons rouges – probable symbole d'un nécessaire «passage par le sang» – désignent son appartenance à la noblesse. Enfin la couleur bleue de son habit – l'habit de cachet, que seul une ordonnance royale permettait de porter – indique son alliance avec la famille royale de France : c'est le prince de Conti. Ce langage vestimentaire fonctionne comme un ensemble de signes qui s'emboîtent les uns dans les autres, à la manière des poupées gigognes. Au sein d'une réunion d'aristocrates, son costume l'apparente à ses pairs. Dès qu'il se retrouvera confronté à d'autres costumes, dans la rue par exemple, il s'y identifiera plus étroitement encore.

pouvoir qui permet aux puissants de maintenir leurs prérogatives. Cette volonté se traduit souvent par l'institution de règles de «ségrégation vestimentaire» visant au maintien d'une distinction entre les classes. Apparues au XIVe siècle, d'abord en Italie puis en France, variables d'une cité à l'autre, les «lois somptuaires» visaient à réglementer l'usage des marques vestimentaires les plus tangibles du pouvoir en fonction de la hiérarchie sociale (qualité des teintures, usage de métaux précieux, de la fourrure et de la soie, types de broderies, motifs spécifiques). La raison invoquée est la régulation de l'économie par

le maintien d'une modestie de la consommation, mais la véritable motivation – réserver aux puissants l'usage des marques du pouvoir – est plus politique.

Si l'on en juge par les centaines de lois qui se succèdent jusqu'au XVIIe siècle, ainsi que par le nombre de commentateurs qui se plaignent de leur inutilité, elles n'ont été que peu suivies, le plus souvent ignorées ou détournées. La soie est interdite à qui n'est pas noble ? On la cache alors à l'intérieur des vêtements afin d'en dissimuler l'usage. Certains, comme Montaigne, ironiseront en proposant de réserver ces privilèges aux prostituées et aux bourreaux, et d'en interdire l'usage aux puissants ; ainsi «l'abandon de ces marques serait faite en un mois, sans édit et sans ordonnance».

Les habits du pouvoir

Si le pouvoir du souverain rejaillit sur l'habit, la magnificence de l'habit confère aussi tout son prestige au roi. Dans *La Nuit de Varennes*, le film d'Ettore Scola, une des femmes de la suite de la reine aura un geste révélateur : au moment où l'on arrête un Louis XVI déguisé en valet, elle s'incline devant le vêtement de sacre de son roi sur lequel elle était chargé de veiller. L'habit royal apparaît ainsi comme un instrument complexe, à la fois

marque d'une autorité humaine et d'une inaccessibilité divine, vêtement du premier des hommes et du dernier des dieux. Le roi de France porte un certain nombre de signes qui l'apparentent à ses pairs – soieries ou brocarts –, des signes distinctifs – l'hermine ou les fleurs de lys –, mais aussi des signes supra-humains – le globe et le sceptre –, destinés à rappeler l'origine divine de son pouvoir. De la même façon, l'empereur de Chine et le pape se voient réserver une couleur, respectivement le jaune et le blanc, et des attributs spécifiques. Jusqu'à une date récente, l'habit du pouvoir est directement destiné à *confondre*, à impressionner le spectateur. Dans les sociétés démocratiques modernes, l'habit du pouvoir s'est simplifié, passant d'un message équivoque – à la fois homme et dieu – à un message rassurant : cet homme est notre représentant, il nous ressemble. Cette nécessité d'un juste milieu (la *mediocritas* latine, chère à Cicéron) conduit les puissants du monde entier à adopter une tenue anodine et proche de celle du plus grand nombre, se référant ainsi au modèle, encore simplifié, de la bourgeoisie occidentale.

L'étoffe des héros

Certains habits représentent d'autres formes de pouvoir, incarnation symbolique d'une supériorité sociale ou spirituelle. L'Ancien Régime, par exemple, réserve certains privilèges à l'aristocratie, comme le port de l'épée,

La logique du prestige fait du vêtement de pouvoir un instrument de représentation codifié et contraignant : «J'avais une robe et une jupe de dessous si affreusement lourdes que je ne pouvais presque pas me tenir debout. Cette robe était d'or frisé avec des chenilles noires en forme de fleurs ; ma parure consistait en perles et en diamants. [...] Monseigneur portait un habit de drap d'or surchargé de broderies d'or (Lettre de la princesse Palatine, 1697). A gauche, Elisabeth Ire d'Angleterre ; ci-dessus, Louis XIV par Rigaud.

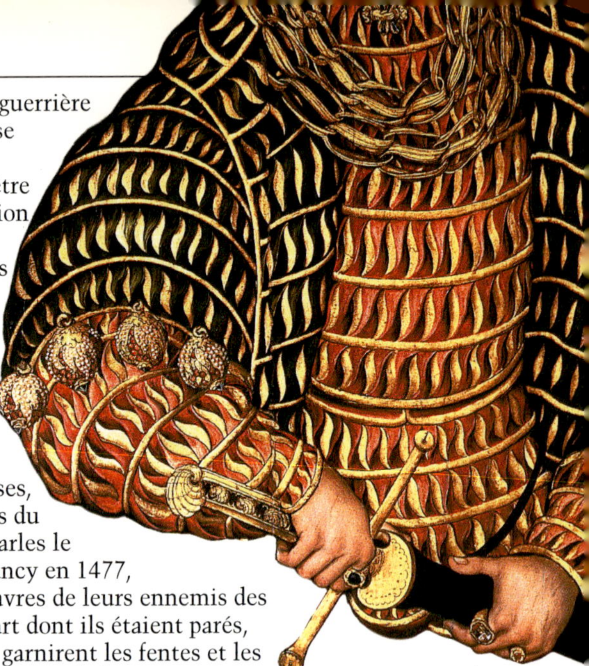

symbole de la valeur guerrière d'une noblesse acquise au combat.

Le vêtement peut être ainsi une représentation de la bravoure. L'étonnante vogue des «crevés» par exemple, qui se répand en Europe à l'extrême fin du XVe siècle, prend sa source dans un épisode guerrier. Des lansquenets suisses, victorieux des troupes du duc de Bourgogne Charles le Téméraire près de Nancy en 1477, dépouillèrent les cadavres de leurs ennemis des riches pièces de brocart dont ils étaient parés, et en garnirent les fentes et les déchirures de leurs pourpoints. Réinterprétée, cette pratique donna naissance au crevé, fente pratiquée dans le biais de l'étoffe, parfois garnie par en dessous d'un bouillon d'étoffe contrastée. Il devint une folie pour l'homme du XVIe siècle, garnissant les pourpoints et les chausses, puis les robes, toques, pantoufles, etc. Devenu un simple ornement, le crevé n'en restait pas moins un attribut guerrier et probablement, à ce titre, une figuration emblématique de la blessure. Dans le même esprit,

Le costume d'Henri le Pieux (ci-dessus) n'a rien à envier à un des pourpoints de Matthäus Schwarz qui ne comportait pas moins de 4800 crevés à bouillonnés de velours. Au XVIe siècle, les crevés sont dits aussi chiquetades ; les très petits crevés se nomment des mouchetures. Au XVIIe siècle, moins employés, ils sont remplacés par de longues taillades bordées, qui laissent également entrevoir le vêtement de dessous.

les soldats démobilisés de la Grande Guerre portèrent à la ville certains de leurs vêtements militaires, notamment la capote ou le *trench-coat*, comme autant de trophées : «Nous y étions», affirmaient-ils ainsi par leur apparence.

Les manteaux de la foi

«Les vêtements d'église sont les formes, les vêtures en lesquelles les hommes à diverses périodes ont incarné et représenté pour eux-mêmes le Principe religieux; c'est-à-dire investi l'Idée divine du monde en un corps sensible et pratiquement actif, de sorte qu'il put demeurer parmi eux comme une Parole vivante et génératrice de vie» (Thomas Carlyle, *Sartor Resartus*). Le vêtement religieux forme un ensemble très codifié de pièces vestimentaires.

Lors des célébrations de la liturgie catholique, l'aube – du latin *albus* (blanc), longue robe de toile blanche – est portée par les officiants sous la chasuble, à l'origine vêtement de dessus de forme circulaire pourvu d'une ouverture pour passer la tête. Ces deux pièces principales sont complétées par de nombreuses autres pièces comme l'étole. A ces formes s'ajoute un autre système de codifications

La croissante sophistication des vêtements religieux conduira peu à peu à une compétition à l'intérieur de la hiérarchie ecclésiastique. Raillant ces pratiques, Erasme écrira dans l'*Eloge de la folie* : «Combien de nœuds à la sandale, quelle couleur à la ceinture, quelle bigarrure au vêtement, de quelle largeur le capuchon et de combien de doigts la tonsure. Des hommes qui professent la charité apostolique poussent des hauts cris pour un habit différemment serré, pour une couleur un peu plus sombre. Ce qu'ils ambitionnent n'est pas de ressembler au Christ, mais de se différencier entre eux.» En réaction contre ces excès, certains ordres prôneront la pauvreté, en commençant par celle de leur habit, donc la couleur est une transcription de la teinte de la matière d'origine. La laine claire non teinte est ainsi à l'origine de la couleur blanche de la robe des bénédictins, la laine mêlée, de la couleur brune des capucins, la laine sombre, de la couleur noire des dominicains. Pour leur «prise d'habit», symbole de l'entrée en religion, les carmélites portent une robe de mariée pour signifier leur statut d'«épouses de Dieu».

qui détermine couleurs et ornements selon les différents moments du calendrier liturgique.

Au-delà du vêtement d'officiant, la hiérarchie ecclésiastique prévoit des ensembles vestimentaires strictement définis permettant de distinguer l'archevêque de l'évêque, le curé du diacre et les ordres religieux entre eux : bénédictins et capucins, franciscains et dominicains, etc. Les coiffes des religieuses illustrent également l'extrême variété des différents ordres. Hors du domaine religieux, d'autres vêtements peuvent correspondre à un «porté» hautement symbolique, tel le tablier des francs-maçons.

Les uniformes du devoir

La notion de «vêtement uniforme» – ensemble vestimentaire identique pour une même catégorie de personnes et défini par un règlement – naît au XVIIe

siècle, lors de la guerre de Trente Ans, de la nécessité d'homogénéiser par l'apparence des armées de plus en plus disparates, majoritairement composées de mercenaires, et de distinguer les camps en présence. Il s'agit en outre pour les princes d'affirmer leur puissance sur les champs de bataille. Ils ne font que renouer avec la tradition des légions romaines dont les soldats étaient vêtus à l'identique.
La notion d'uniforme s'est étendue graduellement à d'autres domaines : la gendarmerie, la fonction publique, les transports... jusqu'à l'uniforme des écoliers. L'usage en reste vivace aujourd'hui encore sur l'ensemble du globe, notamment pour les militaires, agents de la circulation, postiers, hôtesses de l'air, etc. Toutefois l'uniforme, de librement consenti, voire recherché, qu'il était encore il y a peu, ne se maintient souvent aujourd'hui qu'au prix d'une obligation radicale.

Les panoplies du labeur

On oppose souvent l'uniforme, dont l'usage est régi par la loi ou la règle, à la «panoplie», ensemble vestimentaire également codifié mais dont l'usage est dicté par la coutume. A l'origine, le terme panoplie désignait, au Moyen Age, l'ensemble des pièces qui composaient l'armure du chevalier.

«Entre la parade et la bataille naît le prestige de l'uniforme qui, paradoxalement, n'acquiert toute sa vertu que dans la société égalitaire du XIXe siècle. Quand la majorité des civils importants adopte le costume strict et sombre de la bourgeoisie triomphante, les militaires demeurent les seuls mâles à jouer de l'éclat des vêtements colorés et décorés» (Daniel Roche). En témoignent les gardes républicains français (ci-dessous) et les horse guards britanniques (à gauche).

Rarement décrit par les chroniqueurs, encore plus rarement conservé, le vêtement de travail ancien nous est relativement mal connu. On sait qu'il adoptait peu de formes spécifiques et était identique, par nécessité, au vêtement du quotidien. Des panoplies professionnelles se développent cependant à partir du Moyen Age, concernant au départ les artisans, tailleurs de pierre, forgerons, charpentiers... Avec le développement des corporations, ces tenues se codifient, rattachant souvent les motifs et couleurs

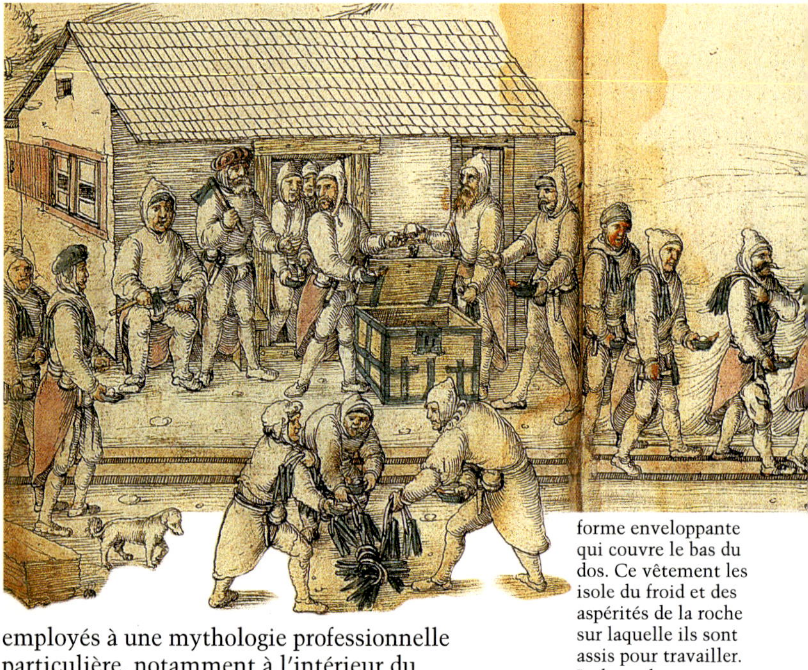

employés à une mythologie professionnelle particulière, notamment à l'intérieur du compagnonnage. L'*Encyclopédie* de Diderot et d'Alembert nous montre comment les vêtements de travail du XVIIIe siècle commencent à se différencier en fonction des tâches. Ils deviendront, avec la révolution industrielle, les emblèmes vestimentaires de l'homme au travail : le bleu, la blouse, la salopette, vêtements utilitaires autant que marque de savoir-faire de celui qui le porte.

Au XVIe siècle, Heinrich Gröff effectue un «reportage» en vingt-cinq dessins sur les mineurs de Saint-Nicolas, à la Croix-aux-Mines dans les Vosges. Les «ouvriers de marteaulx», chargés de débiter le minerai dans les galeries, portent un grand tablier de cuir de forme enveloppante qui couvre le bas du dos. Ce vêtement les isole du froid et des aspérités de la roche sur laquelle ils sont assis pour travailler. Le haut du corps est vêtu d'un pourpoint à cagoule, surmonté d'un bonnet à bord rond qui protège la tête des chocs. Cet ensemble de dessins est un des rares témoignages sur les vêtements du labeur de ce temps.

En haut, des maçons sur un chantier et, en bas, une femme de chambre des années 1920. Toutes les panoplies professionnelles du XIXe siècle concourent à dessiner un gigantesque «jeu de société» dans lequel le costume est devenu «le plus énergique de tous les symboles» (Balzac).

Par leur diversité, ces pratiques vestimentaires atteindront leur apogée au XIXe siècle, époque où chaque métier possède une panoplie spécifique, et où une domesticité de plus en plus spécialisée porte, par sa livrée, les marques vestimentaires de son état. Gilet des maîtres d'hôtel, coiffe des soubrettes ou tablier des gouvernantes sont fabriqués en grandes quantités par l'industrie de la confection. Aujourd'hui encore, nombre de professions, particulièrement dans les métiers de bouche (cuisiniers, pâtissiers, bouchers...), possèdent un habillement extrêmement spécifique. Leurs formes sont à la fois dictées par la pratique et par une subtile codification qui permet de lire l'ancienneté, le rang dans la hiérarchie, etc. S'adaptant aux exigences d'allégement et de simplification du vêtement contemporain, ces panoplies professionnelles tendent aujourd'hui à disparaître, mais elles ont nourri au passage le vestiaire de la mode de nouvelles formes et de nouveaux tissus.

Cols blancs et cols bleus

«Les gens d'ici portent indistinctement du plus beau bleu que j'aie jamais vu. C'est du drap rude qu'ils tissent eux-mêmes, le fil de la chaîne est noir, la trame bleue et cela donne des dispositions lignées de noir et de bleu. Quand ces étoffes passent de ton et sont décolorées par le temps et la pluie, elles prennent un ton fin extrêmement doux, bien fait pour relever les couleurs de la chair» (Vincent Van Gogh, *Lettres à Théo*, 1883-1885). Le XIXe siècle voit apparaître la distinction entre cols bleus et cols blancs. Ouvriers et travailleurs manuels portent des vêtements bleus depuis que cette couleur, symboliquement valorisée et perçue comme protectrice, s'est généralisée grâce à l'indigo (ci-contre, *La Paye des moissonneurs* de Léon Lhermitte, 1882). L'homme qui ne travaille pas de ses mains porte, lui, un col blanc, empesé et éclatant. Il a adopté l'«uniforme» de la bourgeoisie : le «costume complet» formé d'un veston, d'un gilet et d'un pantalon portés avec une chemise et un col amidonné (pages suivantes, *Un bureau à La Nouvelle-Orléans* d'Edgar Degas, 1873).

L'épopée du jean

A l'origine d'un particularisme aussi étroit que le kabig, vêtement des goémonniers bretons, ou que le largeot, pantalon des charpentiers français du XIXe siècle, rien ne prédispose le jean à devenir un vêtement universel si ce n'est l'espace historique dans lequel il s'inscrit : l'Ouest américain au XIXe siècle. Il est inventé à la fin des années 1850 par Levi Strauss, émigrant bavarois, et perfectionné par Jacob Davis Youphes, son associé, qui fait breveter en 1873 le système de rivetage qui caractérise toujours ce vêtement. Produit industriellement en grande série, ses qualités pratiques et son prix accessible en font le pantalon de travail du plus grand nombre : mineurs et chercheurs d'or, cow-boys et éleveurs, etc.

Le jean sort de son territoire d'origine pendant l'entre-deux-guerres, progressivement porté pour le loisir et non plus strictement pour le travail. C'est l'époque où l'on passe ses vacances dans les ranches, où l'on classe et restaure Fort Alamo, où l'on tourne les premiers westerns, ou les *comics* diffusent par milliers l'image des premiers cow-boys de légende, bref où une nation entière découvre qu'elle a aussi son propre passé. Elevé au rang d'icône vestimentaire, incarnant les valeurs pionnières de cette nation, le jean devient un produit quotidien, dont le magazine *Vanity Fair* vante les qualités dès les années 1920. Parallèlement naît aux Etats-Unis une industrie de l'*entertainment* (cinéma, musique, ballet) qui va très vite conquérir le monde, et exporter les produits de ces racines culturelles.

Dès lors, les jeux sont faits : massivement adopté par les Américains, le jean franchit l'Atlantique après la Seconde Guerre mondiale, véhiculé par ce formidable imaginaire – étayé par la littérature et le cinéma, de Jack Kerouac à James Dean – que les Etats-Unis diffusent à grande échelle dans les

La futaine de Gênes, dite jean ou jeane, est une étoffe de coton commune et résistante produite aux Etats-Unis dès la fin du XVIIIe siècle. Elle donne son nom, dans les années 1930-1940, au pantalon de travail dérivé du modèle mis au point par Levi Strauss (à gauche, une publicité datant de 1882).

années 1950 et 1960. Vêtement «incarné», le jean ne cesse de revêtir de nombreuses significations au fur et à mesure de son parcours. Aujourd'hui devenu le vêtement de la planète, il est un exemple parfait de la façon dont le symbolique peut transcender un produit industriel pour, en quelque décennies, lui faire parcourir la totalité du globe.

Les utopies de l'égalité

Pour certains, le jean est en train de réaliser un des principes de *L'Utopie* de Thomas More, celui

A la fin du siècle dernier, les usines Levi Strauss fournissent surtout mineurs et chercheurs d'or. La ceinture sans passants était ajustée par une patte de resserrage qui rendait les bretelles nécessaires. Mais, comme aujourd'hui, le jean avait déjà cinq poches.

de l'«égalité vestimentaire». Dans cet ouvrage, publié en 1516, More décrit les populations d'une île, Utopie, où tous les habitants sont vêtus à l'identique et où n'existent plus ni ségrégation ni compétition. Ce vieux rêve revient périodiquement agiter tour à tour moralistes et philosophes, considérant comme fou «celui qui se trouve ennobli par une étoffe, car si fine que soit la laine, elle ne sera jamais que laine, issue du dos du mouton».

En Chine, la révolution culturelle menée par Mao Tsé-Toung touchera le costume en le nivelant, et en imposant le bleu de Chine, ou «costume Mao», veste et pantalon de toile indigo qui, porté par tous, hommes et femmes, jeunes et vieux, manuels et intellectuels, présentera – autant que faire se peut – une vision homogène de la société. Proche de l'uniformité, cette vision de l'égalité prône le «plus petit dénominateur vestimentaire commun». Mais obliger tout un chacun à se vêtir selon une image unique ne produit jamais une égalité parfaite. De subtiles distinctions restent

Vêtement de travail, le jean se décline en pantalon, salopette, chemise (ci-contre).

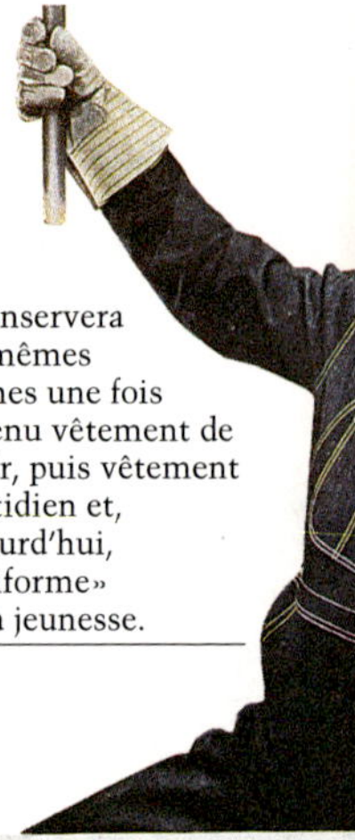

Il conservera les mêmes formes une fois devenu vêtement de loisir, puis vêtement quotidien et, aujourd'hui, «uniforme» de la jeunesse.

Le jean reste l'objet de subtiles distinctions : marque, coupe, délavage, manière de le porter, prix… Le costume Mao autorise sans doute moins de liberté… bien qu'il ait été repris, hors de Chine, par toute une génération d'intellectuels, et qu'il ait, lui aussi, enrichi le vocabulaire de la mode.

toujours possibles, même au sein de l'uniforme le plus strict. L'égalité resterait ainsi le plus souvent un vœu pieux, contrecarré par les différents facteurs que sont la compétition entre individus, les possibilités qu'offrent l'économie ou les perfectionnements de la technique.

La ségrégation par l'apparence reste aujourd'hui sensible, même de manière indirecte : les marques notoires de l'appartenance aux classes les moins favorisées de la société ont été

affaiblies par l'abandon progressif de la panoplie professionnelle. Il reste cependant des bastions, lieux dans lesquels on ne peut se présenter sans être «habillé convenablement» d'une veste ou d'une cravate.

D'autres marques subsistent, aussi discriminantes, mais qui relèvent davantage de l'indice que du symbole : la griffe, la qualité de la coupe et des étoffes, le style général de la tenue, etc. Autant de signes, qui dépendent plus de l'adaptation individuelle que de la norme sociale, et autour desquels se bâtissent de nouveaux clivages sociaux.

Symbole de la jeunesse révoltée des années 1950, le jean de James Dean (ci-contre dans *La Fureur de vivre*) est passé à la postérité à l'instar du T-shirt de Marlon Brando. Dans *La Guerre du faux*, Umberto Eco compare le jean à un habit-armure qui, parce qu'il tient par les hanches et se maintient non par suspension mais par adhérence, ne peut se faire oublier, impose une contenance, contrôle les gestes.

«Le courtisan doit réfléchir à ce qu'il veut paraître et se vêtir d'une manière qui corresponde à l'impression qu'il désire donner de lui-même, et faire que ses habits l'aident à être tenu pour tel, même de la part de ceux qui ne l'entendent pas parler et ne lui voient faire aucune chose» (Baldassare Castiglione, *Le Livre du courtisan*). S'habiller c'est en effet se raconter, jouer des codes, ressembler à certains mais, surtout, se différencier.

CHAPITRE V

SE RACONTER, SE DISTINGUER

Souci d'équilibre, d'harmonie, de classicisme : Baldassare Castiglione est ici peint par son ami Raphaël en figure emblématique de l'«élégance». A l'opposé, jouant du déséquilibre mais se distinguant tout autant, un jeune punk des années 1980.

Imitation et distinction

Tout système vestimentaire autorise des variations qui n'ont comme justification apparente qu'un goût passager. Les anthropologues ont pu observer ce phénomène dans des sociétés traditionnelles, notant par exemple que «le pagne montait et descendait, que les ceintures se portaient larges ou étroites et que les baguettes portées au travers du nez étaient tantôt plus seyantes en os qu'en bois poli». Nouvelle façon de communiquer, ces modèles se diffusent à l'intérieur d'un groupe par le biais des lois de l'imitation, notamment mises en lumière par Kant dans son *Anthropologie*. Invariant anthropologique, au même titre que le mimétisme chez les animaux, ces lois conduisent naturellement l'homme à vouloir se référer à un modèle.

Mais l'imitation n'est pas tout. La dynamique du changement résulte en même temps d'un autre processus, mis en évidence au tournant du siècle par le sociologue allemand Georg Simmel : la distinction. Cette analyse s'appuie sur l'observation de la compétition sociale et, notamment de l'attitude des élites qui cherchent constamment à se distinguer des masses. Trop rapidement imitée par le plus grand

Les lois de l'imitation, pour Kant, font que «la mode n'est donc pas à proprement parler une affaire de goût, mais de pure vanité (jouer à la personne de rang)», comme en témoignent les gentilshommes du duc d'Orléans (ci-dessus). De manière symétrique, le philosophe Mandeville remarque, dans *La Fable des abeilles* (1714), que «les femmes de qualité s'effraient de voir des femmes et des filles de négociants habillées comme elles, [...] et l'invention des modes devient leur seule étude, afin d'avoir une vogue toujours prête pour le moment où ces insolentes personnes se mettront à imiter celle qui règne à l'heure actuelle».

nombre, une mode sera abandonnée par ceux qui l'ont lancée, au profit d'une autre, plus nouvelle, et surtout plus individualisante. «La mode étant l'imitation de qui veut se distinguer par celui qui ne veut pas être distingué, il en résulte qu'elle change automatiquement» (Paul Valéry). Il s'agit en somme d'affirmer une appartenance tout en se distinguant.

Des goûts et des couleurs

Lorsque la duchesse de Fontanges lance, vers 1680, la coiffure qui portera son nom, haute coiffe tuyautée dressée verticalement sur le sommet du front, elle ne cherche qu'à se distinguer des autres dames de la cour, affirmant ainsi sa position de maîtresse de Louis XIV. Elle utilise un système de reconnaissance fondé non plus sur le «costume social» mais sur la variation imprimée à celui-ci par l'individu qui le porte, goût personnel défini par Montesquieu comme l'«avantage de découvrir avec finesse et avec promptitude la mesure du plaisir que chaque chose doit donner aux autres».

La duchesse de Fontanges

Illustrant le principe de la course à la distinction, «les coiffures parvinrent à un tel degré de hauteur, [...] que les femmes ne trouvaient plus de voitures assez élevées pour s'y placer» (*Mémoires de Mme Campan*).

est loin de se douter que cette coiffure sera celle de la Cour, puis de toute l'aristocratie pour devenir la coiffure emblématique du Grand Siècle.

Ces pratiques vestimentaires se portent tour à tour ou simultanément sur la silhouette, la coiffure, les accessoires, certaines pièces de vêtement, les couleurs, etc. L'histoire est une succession de ces modes parfois ahurissantes qu'adoptaient pour un temps les élégantes : talons démesurément hauts ou coiffures extravagantes comme le pouf, échafaudage capillaire surmonté d'objets miniatures, pavillons d'architecture, maquettes de bateaux, etc., qu'un mécanisme permettait de basculer pour entrer dans un carrosse.

Dans leur *Histoire de la société française pendant le Directoire*, les frères Goncourt offrent une description détaillée des Incroyables (ci-dessus). Ces jeunes gens arborent des redingotes étriquées vert bouteille ou «couleur de crottin» au large col en châle et aux basques carrées, des culottes de velours à la française et bas blancs en soie tire-bouchonnée et noyée sous des flots de rubans ; leur cou est enserré dans une énorme cravate, dite «écrouélique» (de mise aux écrous, comme Louis XVI et Marie-Antoinette) ; leurs cheveux sont divisés en «oreilles de chiens» ou tressés en «cadenettes» ; ils sont coiffés d'un bicorne et arborent un monocle ou des bésicles.

Les élégantes du faubourg Saint-Germain qui aiment, à l'époque romantique, les festons arrondis pour le bas de leur jupe ou, dans les années d'après-guerre, les pulls étriqués et noirs, déclinent à l'infini le «tous différents, tous en même temps» de la mode. Le goût devient une bannière derrière laquelle se rassemblent des adeptes ; la mode devient une carte de visite individuelle là où le costume n'était qu'un passeport social.

Inc'oyables, me'veilleuses... et zazous

Après la chute de Robespierre, en 1794, apparaissent d'étranges papillons chamarrés, jeunes gens vêtus de redingotes à l'anglaise, portant col haut, culotte et bas de soie, et jeunes filles en robes «à l'antique» de mousseline ou de linon transparentes, la taille soulignée sous les seins, aux hautes coiffures en cabriolet et aux ballerines de soie. Inc'oyables et me'veilleuses se pavanent sur les Champs-Elysées et sous les arcades du Palais-Egalité (le Palais-Royal), arborant les insignes royalistes et affectant les manières des aristocrates qui commencent à regagner Paris en masse. On parle d'un retour de la monarchie et on se précipite au «bal à la victime», donné à l'ancien Garde-Meuble royal, place de la Concorde, où l'on se présente en chemise, cheveux coupés, un ruban rouge serré autour du cou. On rejette la Terreur pour rêver à un âge d'or révolu, que la plupart de ces jeunes gens de vingt ans ont à peine connu. Il s'agit surtout de s'inscrire par défaut dans une époque en laquelle on ne se reconnaît plus, en prônant les valeurs qui lui sont opposées.

Cent cinquante ans plus tard, dans Paris occupé, les zazous – que l'on surnommera les «incroyables de l'Occupation» – revendiqueront une apparence vestimentaire fondée sur une contradiction quasi systématique des modèles dominants. Leurs costumes sont amples et trop longs, leurs cheveux bouffants et longs dans la nuque, leurs chaussures ont d'épaisses semelles de cuir... Tous ces signes vestimentaires, au-delà d'un souci esthétique, s'inscrivent *a contrario* d'une société de pénurie, fortement militarisée. Ils contribuent à l'«étrangeté absolue» de ces jeunes gens qui veulent oublier les difficultés du temps dans l'insouciance et les fêtes, dans une musique emblématique venue d'Amérique : le swing.

Les zazous tirent leur nom de «zazou-zazou-zazouhé», une onomatopée censée transcrire le rythme du swing. Le mot leur survivra, synonyme de conduites bizarres ou farfelues.

Peace, love and no future

Considérant le veston et la cravate comme des emblèmes de la société bourgeoise, les hippies de l'après-1968 adopteront les signes vestimentaires du monde du travail ou les costumes folkloriques et ethniques, signes vestimentaires qu'ils revalorisent et diffusent et dont la force a bien souvent survécu au mouvement lui-même. La possibilité de mélanger un bonnet tibétain, une veste de chasse et une parka de sport japonaise est un des héritages de l'éclectisme vestimentaire des années 1970. Quelques années plus tard, les punks, au lieu de simplement les rejeter, détourneront et interpréteront les marques vestimentaires de la bourgeoisie. Leur *panoplie* reprend ainsi nombre de vêtements quotidiens : vestes de costumes, chemises, jeans, pantalons de tartans, etc., archétypes rendus méconnaissables, découpés, lacérés, tachés, savamment déconstruits à l'image des idéaux qu'ils projettent. Le nihilisme de ce mouvement s'exprime dans une volonté délibérée d'établir une définition conventionnelle de la laideur et du répulsif en un système qu'il faut bien qualifier d'esthétique. En produisant, au-delà du goût traditionnel, une image sophistiquée des «canons de la laideur», les punks ont eu une influence considérable sur les années 1990. L'esthétique de la mutilation entre autres (celle du vêtement comme celle du corps) en est l'un des héritages majeurs.

Dans *Morale du masque*, Patrice Bollon lie les mouvements d'apparence aux périodes de transition de la société, quand s'effritent les référents usuels établis. Il voit en eux l'expression d'anticipations sociales et de mentalités : dans les affrontements entre mods et rockers (ci-dessus, des mods) s'exprimait ainsi le débat de la classe ouvrière anglaise face à l'expansion économique. Le mouvement hippy préfigurait l'idéologie des années 1960 et 1970 et le punk dessinait la carte sensible des années 1980.

Affirmer sa différence

Cette apparente frivolité peut s'accompagner d'un véritable engagement politique. Certains mouvements, comme le hippisme politisé et relativement autarcique des années 1970, vont, en se «durcissant», jusqu'à ériger la bulle en système et le refuge en micro-société. D'autres, en revanche, peuvent choisir d'accompagner le projet social dominant. Au début des années 1960, les mods,

jeunes Anglais issus de la classe prolétairc adhérant aux idées de progrès et de modernité (d'où leur nom), défendent l'idée d'une élévation de la classe ouvrière et d'une plus grande ouverture culturelle sur l'Europe. A la même époque, les rockers sont davantage tenants d'une nostalgie et d'un relatif conservatisme social. Mods et rockers s'affronteront violemment au printemps 1964. Pour la première fois, deux mouvements construisent leurs identités respectives l'un contre l'autre.

Afficher ensemble sa différence reste aujourd'hui un moyen fort d'affirmer son identité. En arborant les couleurs de l'Ethiopie – or, rouge et vert –, le mouvement rasta, originaire de la Jamaïque, n'en finit pas de raconter la culture noire, tout comme les rappeurs, B-Boys ou smurfers de la «nation zoulou». Ces mouvements d'apparence, incompréhensibles pour le plus grand nombre, sont de plus en plus vite récupérés par la mode.

Souvent ignorés, méprisés, voire combattus pour leurs excès, les mouvements d'apparence jouent un rôle dans la dynamique de la mode, à laquelle ils apportent des éléments nouveaux.

« Tout ce qui est singulier leur plaît. Il est vrai que cela les fait connaître, mais c'est plutôt pour être marqués que pour être estimés. [...] Esprits cacochymes pour qui c'est assez qu'une chose soit du goût de tout le monde pour qu'il n'y touchent pas. » Dès le XVIIe siècle, Baltasar Graciàn se moque de ceux que l'on nommera plus tard les snobs. Le mot

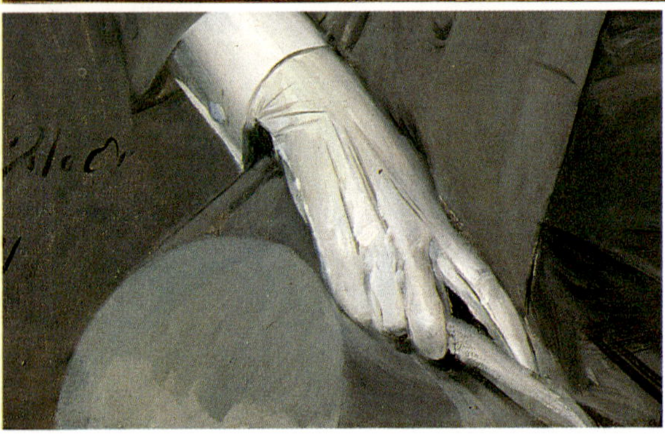

apparaît à la fin du XVIIIe siècle, quand les collèges anglais commencent à admettre des étudiants issus de la bourgeoisie. On marque alors sur les lits des nobles les lettres NOB pour *nobiletatis* (qui est de la noblesse) et sur ceux des autres S. NOB pour *sine nobiletatis* (sans noblesse). Ces derniers sauront faire de ce quolibet un drapeau.

Etre singulier

La mode raconte aussi des histoires singulières. Dans une culture occidentale qui, particulièrement depuis la Renaissance, privilégie le savoir-faire individuel, la distinction par l'apparence est un enjeu : le vêtement révèle le talent de celui qui sait le porter.

On dit que Buffon écrivait revêtu de ses habits de Cour afin d'assurer la noblesse de son style. Dans *Les Liaisons dangereuses*, Choderlos de Laclos fait dire à la marquise de Merteuil, parlant de madame de Tourvel, qu'elle «écrit aussi mal qu'elle s'habille», pointant une incompétence qui, au-delà du manque de goût, relève d'une inaptitude plus générale à savoir s'exprimer. Pour l'arbitre des élégances comme pour le leader de mode, l'apparence joue le rôle d'une carte de visite individuelle, clef d'accès à une forme de prestige social. Comme le remarque un moraliste du XVIe siècle, on fait plus de cas «d'une bourgeoise en bel habillement que de la fille d'un comte quand elle n'est [pas] vêtue proprement». Celui qui possède la maîtrise de ce savoir-faire vestimentaire peut se hisser au premier rang de la société par le seul usage des apparences.

Au début du XIXe siècle, George Bryan Brummell, «prince des dandys» et favori du prince de Galles, le futur George IV, a incarné à la perfection cette aptitude. Et la société aristocratique a fait de «Beau Brummell» – qui, pourtant, était le petit-fils d'un domestique – le plus illustre des représentants de son mode de vie. Arbitre des élégances, il consacrait un temps infini aux soins de la toilette pour élaborer une tenue dans laquelle rien ne détonnait, qui le faisait paraître transparent à force de bon goût.

“Le dandysme apparaît aux époques transitoires, où la démocratie n'est pas encore toute-puissante, où l'aristocratie n'est que partiellement chancelante et avilie. Dans le trouble de ces époques, quelques hommes déclassés, dégoûtés, désœuvrés, mais tous riches de force native, peuvent concevoir le projet de fonder une espèce nouvelle d'aristocratie.”

Charles Baudelaire, in *Le Figaro*, 1863

(En haut, George Bryan Brummell ; ci-dessus, Oscar Wilde).

La garde-robe de Gabriele d'Annunzio (1863-1938) est l'emblème d'un homme autant que d'un temps. S'y côtoient les exigences du statut social et du vêtement de circonstance, mais plus encore la parfaite distinction d'un homme qui cultive dans son apparence une manière d'œuvre d'art et qui disait : «Je suis un animal de luxe». Elle a fait l'objet en 1988, d'une exposition à la Galleria del Costume, palazzo Pitti à Florence. En léguant à l'Etat italien sa villa de Vittoriale, avec tout ce qu'elle contenait, d'Annunzio entendait préserver «chacun des objet choisis et accumulés par moi aux divers moments de ma vie, qui fut toujours pour moi un mode d'expression, un moyen de révélation spirituelle, comme n'importe lequel de mes poèmes, comme n'importe laquelle de mes pièces, comme n'importe lequel de mes actes politiques».

«C'est un fait que le bal masqué démasque» (Jean Cocteau)

Prendre de la distance avec le modèle dominant peut aussi passer par son amplification, son détournement. On joue l'extravagance; on s'amuse d'un modèle impossible... Le travestissement, lorsqu'il est clairement marqué de dérision, fait sourire en

ridiculisant simultanément l'interprète et le modèle; pris au sérieux, il inquiète car il s'approprie les signes d'un autre et brouille les cartes de la légitimité.

La mascarade incarne parfaitement cette équivoque. Pour les puissants, se transformer en «autre» – dieu, animal ou figure mythologique – est un divertissement prisé dès le Moyen Age : afin de distraire le roi Charles VI lors d'un bal en 1393, le fameux «bal des ardents», ses courtisans deviennent des «sauvages» dans des costumes couverts de poils d'animaux et d'étoupes; pour disputer une partie de balle, ceux du roi Henri III se travestissent en faunes.

La mascarade populaire, expression et canalisation du désordre social, n'a lieu, elle, que dans certaines circonstances, strictement définies par le calendrier. Dans ces occasions, se travestir – trans-vêtir – prend une portée symbolique. Au Moyen Age, le carnaval ou la fête des fous sont l'occasion pour les humbles de prendre temporairement la place des puissants;

Pour jouer à l'«autre», on peut opérer le croisement des natures, homme-femme, ou les juxtaposer comme dans les costumes dessinés pour une mascarade au XVIe siècle (ci-dessous).

les hommes s'habillent en femmes ou se font une tête d'animal. La fête terminée, chacun reprend sa place.

Le plus notoire et le plus connoté des travestissements est celui qui en est devenu le synonyme : le travestissement intersexuel. Un homme qui s'habille en femme, que ce soit de façon ambiguë, comme les travestis professionnels, ou de façon outrancière, dans une situation de jeu, agit sur des mécanismes comparables : il déplace les signes de l'identité corporelle.

Jouer des codes

Juxtaposer des vêtements classiques et sexys, combiner ville et sportswear, porter l'un des éléments de la panoplie des punks, marier un tailleur Chanel et des baskets... relèvent d'une même mécanique : la création d'une identité composite par la manipulation

«Le travesti permet une certaine liberté et licence [...] mais ce pour une durée qui n'outrepasse pas celle d'un très bref intermède, autorisé par le «connais-toi toi-même», afin de prendre quelque récréation en se promenant quasiment hors de sa personne.»

Castiglione, *Le Livre du courtisan*

Déguisé à s'y méprendre, Pierre Loti (au centre) propose au spectateur non averti l'image «au premier degré» d'un mandarin chinois ; créant l'illusion d'une réalité, il est véritablement un «autre».

Federico da Montefeltre, duc d'Urbino, portraituré en manteau de cour et armure, affiche sa double puissance : la gloire du guerrier et la magnificence du seigneur.

et la juxtaposition. Jouer des codes passe aussi par la manière de porter son vêtement. Certains rappeurs portent leurs jeans et leurs blousons de survêtement devant-derrière, adoptant sans le savoir de très anciennes techniques d'expression vestimentaire de la folie qui remontent au Moyen Age. Toutes ces formes d'expressions ont une même portée : créer par un apparent désordre vestimentaire une rupture avec une image codifiée afin d'en dire plus sur soi-même, sur son mode de vie, sur ses idées...

En dire moins

Pour d'autres, parler de soi implique de ne pas se faire remarquer, de ne pas parler par son vêtement. Cette idée selon laquelle l'habit doit refléter la simplicité et la modestie de l'âme apparaît très tôt dans la pensée médiévale; il s'agit de «montrer par le dehors que Dieu habite dans nos corps».

La morale économique bourgeoise conduit l'Europe du XVe siècle à adopter une apparence austère. Elle est rendue plus nécessaire encore par les lois somptuaires qui interdiset aux bourgeois de porter les codes vestimentaires de la noblesse et les obligent à cultiver des codes spécifiques. Cette austérité exprime la nécessité du «ne pas trop montrer», afin de ne pas éveiller l'envie ou donner l'impression de reprocher aux autres leur indigence. Ce souci de dissimuler sa fortune – à l'origine plus éthique qu'esthétique – devient très vite le code dominant de la classe bourgeoise. Ci-contre, une assemblée de notables au début du XVIIe siècle.

Cette attitude morale est largement relayée à la fin du Moyen Age par l'accession au pouvoir temporel d'une nouvelle classe, celle des marchands. Jusqu'alors, le système vestimentaire était essentiellement fondé sur l'ostentation – les puissants – ou sur la pénurie – les paysans. La nouvelle donne sociale rend nécessaire l'invention d'un autre système, celui d'un mode de consommation raisonné qui trouve un écho naturel dans l'apparence et ses codes.

Cette nouvelle valeur accordée au vêtement est illustrée par Alberti qui prône, en 1434, «l'habit neuf pour les jours solennels et pour les autres jours l'habit usé». Cette notion de mesure trouve également un écho dans le sens de l'équilibre d'un vêtement qu'il convient d'ajuster à son corps et à ses besoins. «Ajustements» deviendra même synonyme d'habits aux XVIIe et XVIIIe siècles pour décrire simultanément la justesse physique et circonstancielle du vêtement.

“Bourgeois sont ceux qui sont de nation ancienne en lignages et cités et noms propre, surnoms et armes antiques. [...] Et doivent tels gens être honorables, sages et de belle apparence, vêtus d'habits honnêtes, sans déguisement ni mignotise. [...] Gens de foi et de discret langage.”

Christine de Pisan, Le Livre du corps de Policie, 1404-1407

«Néanmoins que la noire couleur soit et apparaisse triste si elle est de grande dignité et état et en signe de ce bourgeois et marchand, hommes et femmes en sont richement vêtus et parés. Cette couleur pour le présent est la plus requise en habits qui soit pour la simplicité qui est en elle, mais tout le monde en abuse, [...] car trouve-t-on les fins noirs d'aussi grand prix que peut être l'écarlate»
(Sicile, *Blason des couleurs*, 1450).

«La couleur noire a meilleure grâce dans les vêtements que toute autre» (Baldassare Castiglione)

La bourgeoisie, particulièrement en Flandres et en Italie du Nord, adopte massivement la couleur noire à partir du XIVe siècle. Reprise et développée par les protestants, cette «morale de l'apparence» pénètre ensuite l'ensemble de l'Europe bourgeoise. Jouant de la simplicité, le noir prend très vite un double sens de renoncement à l'apparence et d'affirmation de la richesse, les draps noirs des Flandres étant aussi sobres... que fins et coûteux. Cette ambivalence du noir – modestie et distinction – se trouve ainsi marquée très tôt, avec une symbolique définie par les traités du XVe siècle comme «assimplir pour être honoré».

D'essence aristocratique, une autre forme d'austérité se manifeste dans certaines Cours,

Jouant déjà de l'ambivalence simple/honorable, le noir et la neutralité vestimentaire prennent, dès le milieu du XVe siècle, le double sens de renoncement à l'apparence et d'affirmation de la richesse qu'ils ont toujours aujourd'hui. Revendiquer cette neutralité, apparemment dans le but de se soustraire aux regards, comme l'*Homme au gant* de Titien (à gauche) permet d'œuvrer dans le sens d'une subtile distinction : moins signifier pour plus en dire.

en Bourgogne, en Espagne et en Italie du Nord, dès le XVe siècle, liée à la recherche d'une distinction plus individuelle que sociale. Pour l'aristocrate et le courtisan, l'austérité devient le signe d'un détachement et d'une élévation morale et spirituelle qui prend sa source dans une vision de l'homme proche de celle de saint Augustin.

Ces deux conceptions de l'apparence – l'une agrégative, car cimentant une classe sociale naissante; l'autre distinctive, car signifiant l'appartenance à une classe supérieure – finiront par se rejoindre au XIXe siècle, au moment où les classes dirigeantes adopteront, avec la fin des aristocraties, les codes de la bourgeoisie. Lorsque, dans *Les Petites Filles modèles*, la comtesse de Ségur ridiculise madame Fichini qui se présente à une partie

L'ambivalence entre sobriété et ostentation reste une pratique vestimentaire forte au XIXe siècle (ci-dessus, *Mme Gauthereau* par Sargent, 1884) ou, plus récemment, dans les années 1980 (ci-contre, un modèle de Yohji Yamamoto).

campagne en grand attelage, parée de rubans et de dentelles, elle pointe la double «indignité sociale» d'une tenue mal adaptée aux circonstances et, dans l'absolu, trop ostentatoire pour satisfaire aux canons de sobriété de la bonne société.

Aujourd'hui, cette ambivalence reste au cœur des pratiques vestimentaires. De la petite robe noire de Chanel aux modèles des créateurs japonais, en dire moins est toujours une des manières d'en dire plus.

"Quand une jeune dame aurait un habillement le mieux fait du monde et ne le saurait bien porter, ainsi aimerais-je autant qu'elle n'en eût point."
Alessandro Piccolomini

Le culte de l'invisible

C'est vraisemblablement à la Renaissance qu'apparaissent les grands concepts liés à la notion de l'élégance : l'harmonie, le savoir-choisir, la constance («être toujours le même à l'égard de ce qui est parfait»), le défaut calculé («se mouvoir dans la perfection engendre l'ennui»), la rareté («savoir surprendre, ne pas se répéter pour ne pas lasser»). Au XIXe siècle s'imposera en outre l'idée du bon goût, de la manière et du savoir-faire. L'élégance des dandys, fondée sur la discrétion et le secret, s'exprime ainsi dans une savante perfection des proportions, des coupes et surtout des manières de porter.

Si Brummell, le premier d'entre eux, ne s'habillait que de couleurs discrètes et délicatement assorties – du noir, du marron, du marine –, son élégance tenait autant au choix de ses vêtements qu'à une certaine magie, un art inimitable. Passeport de la vie sociale, l'élégance – du latin *elegantia*, «savoir choisir» – devient un modèle d'autant plus difficile à atteindre qu'il se fonde en partie sur des signes intangibles, relevant de l'inné, de la grâce. «Un homme devient riche, il naît élégant» (Balzac).

«Vertu supérieure des apparences», l'élégance paraît se dérober à mesure que l'on s'en approche. Si elle se cultive comme tout art, il paraît toutefois difficile d'édicter des règles infaillibles en la matière. Valorisation de la variation personnelle au sein de la figure imposée, l'art de l'apparence relève d'une responsabilité individuelle, chacun devant s'efforcer de jouer avec un ensemble de règles strictement codifiées. Accomplissement qui autorise peut-être une autre voie, celle de l'acceptation d'une nature humaine moins concernée par son apparence. Montaigne, qui écrivait «quant à moi, j'ai cette autre pire coutume que si j'ai un escarpin de travers, je laisse encore de travers ma chemise et ma cape», ne s'accordait-il pas le droit de renoncer au gré de son humeur à toutes pratiques, qu'elles soient éthiques ou esthétiques, d'une culture de l'apparence?

“[L'élégance], c'est liberté et économie traduite aux yeux, aisance, facilité dans les choses difficiles; c'est trouver sans avoir l'air d'avoir cherché, soutenir sans avoir l'air de ressentir le poids, savoir sans manifester que l'on a appris et en somme parvenir à supprimer l'apparence, sinon la réalité du prix que les choses précieuses ont coûté.”

Paul Valéry

Art qui cache l'art, l'élégance relève d'une suprême faculté à se débarasser des lourdeurs de l'humaine condition. Ci-contre, Clark Gable et Grace Kelly offrent une vision fantasmée de l'élégance, art de choisir qu'il ne faut pas transgresser sous peine d'exclusion sociale, et avec lequelle il faut savoir jouer sous peine d'indifférenciation individuelle.

TÉMOIGNAGES ET DOCUMENTS

Garde-robes idéales

Des livres de civilités aux manuels de savoir-vivre, nombre de textes se sont efforcés au fil des siècles de codifier, sinon de réglementer l'apparence. Chacun d'eux témoigne, à sa manière, des us et coutumes du « bien s'habiller » selon son rang, mais aussi selon son temps, les circonstances, l'occasion, le moment de la journée… Se dessine ainsi une succession de garde-robes idéales à comparer avec les garde-robes des inventaires et procès-verbaux.

Des couleurs et des goûts

Au XVIe siècle, l'homme de condition se doit de maîtriser la complexe symbolique des couleurs : chacune d'elles exprime, selon son usage, une vertu comme elle peut aussi, à l'inverse, témoigner d'un vice.

Et premièrement l'homme doit devant toutes choses avoir la belle chemise blanche dans laquelle environe tout le corps pour désmontrer que l'homme doit estre chaste et net et de pure conscience comme la couleur blanche est nette et sans macule.

La tocque ou bonnet doit estre descarlate rouge qui signifie prudence. Car ainsi que le rouge est la plus modérée couleur qui soit aussi prudence est la vertu qui plus […] modère la vie de l'homme sur les autres vertues.

Le chappeau doit estre de couleur perse [bleu] qui démontre science en signe que science vient de Dieu qui est au ciel, lequel ciel est de couleur perse et par ainsi science sera près de prudence.

Le pourpoint sera noir qui signifie magnanimité de courage qui doit enclore le cueur et le corps de l'homme. Les chausses seront grises qui signifie espérance de parvenir à perfection. Les esguillettes seront de pareille couleur qui démonstre labeur car en esperance daulcun bien fault que tousjours labeur soit devant. Les jartiers seront de livree c'est assavoir de blanc et noir qui signifie asseure vouloir que lye la chausse desperance. Les souliers communement sont noirs

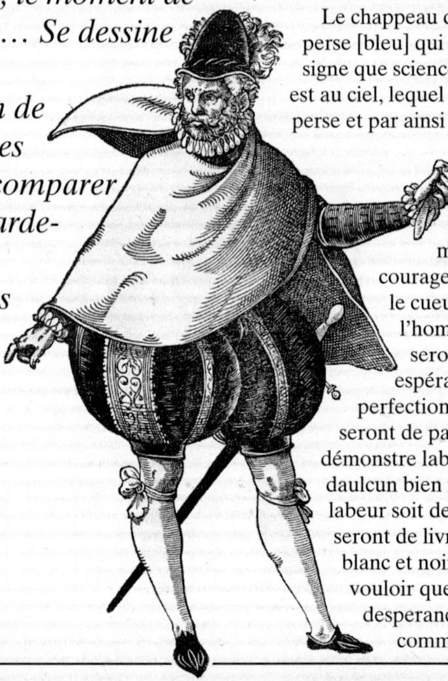

qui denotent simplicité daleure. Les gantz sesront jaulnes qui denotent libéralité et jouyssance. La ceinture doit être violette qui signifie amour et courtoisie qui doit ceindre le corps de l'homme. Le Saye sera de tanne obscure qui signifie douleur et tristesse desquelles nous sommes toujours vestus. La robe soit d'incarnat qui montre la forme et manière de bien vivre. Pour le dernier la bource soit verte, car aussi que le vert attraict a say la vie de la personne, aussi la bource doit attraire a elle lor et largent pour survenir à plusieurs affaires.

Et pour ce furent trouvés en signe de douleur noirs habitz appartenant à gens douleurs qui est la plus basse et la plus humble couleur qui soit. Et pour ce s'en vestent aulcuns religieuls et cette couleur ressemble au dyamant qui est treffine pierre précieuse et es complections represente l'homme melencoliq.

Neanlmoins que la noire couleur soit et apparaisse triste si est elle de grand dignite et etat e en signe de ce gros bourgeoys e marchans, hommes et femmes en sont richement vestus et parez.

Sicile (Jacques d'Enghien dit),
Le Blason des couleurs en armes, livrées et devises, 1450

L'habillement du courtisan

Diplomate, écrivain, l'Italien Baldassare Castiglione (1478-1529) propose dans son Livre du Courtisan *un guide du parfait homme de Cour sous la Renaissance, inaugurant une longue série de livres de civilités. Les vertus de cœur et d'esprit y sont inséparables des qualités de corps.*

«[Je] veux que notre Courtisan, dans tout son habillement, soit propre et plein de goût, et qu'il ait un certain ton d'élégance modeste, mais non pas d'une manière féminine ou vaniteuse; et je ne veux pas que ce soit dans une chose plutôt que dans une autre, comme nous en voyons tant, qui mettent tellement de soin à l'agencement de leur coiffure qu'ils oublient le reste. D'autres ne s'occupent que de leurs dents, d'autres que de leur barbe, d'autres que de leurs bottines, d'autres que de leur béret, d'autres que de leur coiffe, et ainsi il advient que les rares choses élégantes qu'ils portent semblent leur avoir été prêtées, et que tout le reste, qui est sans goût, est reconnu comme leur appartenant en propre. Je veux que notre Courtisan évite par mon conseil ce genre d'habitude, et j'ajoute aussi qu'il doit réfléchir à ce qu'il veut paraître, et se vêtir d'une manière qui corresponde à l'impression qu'il désire donner de lui-même, et faire que ses habits l'aident à être tenu pour tel, même de la part de ceux qui ne l'entendent pas parler, et ne lui voient faire aucune chose.

Pour cette raison il sera bon de parler des habits de notre Courtisan, qui, pourvu qu'ils ne soient pas hors de mode, ni contraires à la profession, peuvent, à mon avis, tous convenir, à la condition que celui qui les porte en soit satisfait. Il est vrai que j'aimerais bien, quant à moi, qu'ils ne fussent pas exagérés en quelque partie, comme parfois on voit l'habillement français, trop grand, et l'allemand, trop petit; mais je les aimerais comme ils sont l'un et l'autre, corrigés et ramenés à une meilleure forme par les Italiens.

Il me plaît aussi que toujours ils tendent un peu plus vers le grave et le sérieux que vers le vain; c'est pourquoi il me semble que la couleur noire a meilleure grâce dans les vêtements que toute autre; et si toutefois elle n'est pas noire, au moins qu'elle tire sur le sombre.

J'entends cela du vêtement ordinaire, car il ne faut pas douter que quand on

porte les armes, les couleurs claires et gaies conviennent mieux, ainsi que pour les habits de fête, qui doivent être pompeux et superbes. Il en va de même pour les spectacles et jeux publics, pour les mascarades et semblables choses, parce qu'étant ainsi de couleurs variées, ils portent avec eux une certaine vivacité et alacrité, qui véritablement s'accorde bien avec les armes et les jeux. Mais pour le reste, je voudrais qu'ils montrassent la sobriété qu'observe si bien la nation espagnole, parce que les choses extérieures souvent portent témoignage des choses intérieures.»

«Cela ne me fâcherait pas beaucoup, dit alors messire Cesare Gonzaga, car si un gentilhomme montre de la valeur dans les autres choses, sa façon de se vêtir n'accroît ni ne diminue jamais sa réputation.»

«Vous dites vrai», répondit messire Federico. «Toutefois quel est, parmi nous, celui qui, voyant un gentilhomme se promener avec une robe bigarrée de quatre couleurs, ou avec quantité d'aiguillettes et de lacets noués et d'ornements mis de travers, ne le tiendrait pas pour un fou ou pour un bouffon ?»

Baldassare Castiglione,
Le Livre du Courtisan, 1528

A la cour de Louis XIV

L'étiquette règle tout à la cour du Roi-Soleil et impose des obligations auxquelles personne ne peut se soustraire. La qualité des étoffes elle-même y est l'objet d'une stricte codification.

Les étoffes étaient classées par saisons : en hiver, les velours, les satins, les ratines, les draps; en été, les taffetas; en automne et au printemps, les draps légers. Les dentelles même variaient selon les saisons. Le point d'Angleterre, pas plus chaud cependant que les malines, ne pouvait plus paraître avant les fêtes de Longchamp. Les fourrures se prenaient le jour de la Toussaint; à Pâques, on quittait les manchons sans qu'il fût permis de les reprendre, même lorsque survenait de la neige. Lorsqu'une dame avait atteint l'âge de 40 ans, elle ne devait plus se présenter à la cour sans une coiffe en dentelle noire.

Duchesne aîné,
Cité par Didier Grumbach,
Histoires de la mode, Seuil, 1993

Des garde-robes vers 1700

Dans La Culture des apparences, *Daniel Roche décrit, à partir d'inventaires, nombre de gardes robes des* XVII*e et* XVIII*e siècles, dont celles-ci, représentatives de la Cour.*

Le marquis de La Valette, Louis Félix Nogaret, conserve ses habits «teints d'ancienne mode», ses rhingraves de brocart gris, ses pourpoints de satin jaune, et même des chausses à l'ancienne. Le chevalier de La Barre, Jean-Baptiste Lefebvre, commandeur de Saint-Lazare et prévôt, laisse à ses héritiers une garde-robe valant moins de 1 000 livres. On y dénombre, en vrac, cinq habits complets, un seul justaucorps et deux vestes dépareillées de toiles légères; son cabinet recèle trois manteaux, l'un de bouracan, l'autre de drap écarlate galonné d'or, le troisième de velours pourpre bordé d'or et servant d'ornement aux cérémonies du chevalier de l'ordre. C'est un homme qui peut varier sa mise, changer ses vestes de drap cannelle et ses justaucorps de pinchina incarnat, allier ses culottes de velours pourpre ou de drap écarlate avec l'un ou l'autre, et, pour les grandes occasions, choisir entre la veste de damas vert à fleurs vertes que double un satin pourpre ou la soubreveste de satin blanc, pourpre et vert au liseré doré. […]

Les robins ne le cèdent pas aux hommes d'épée. Messire Nicolas Esmery, conseiller ordinaire à la Cour des aides, a quatre justaucorps, quatre culottes et six vestes, deux manteaux et une seule casaque, mais, chose rare, trois robes de palais (chapeaux et souliers sont portés manquants dans cet inventaire qui dépasse 500 livres). Le conseiller affectionne les draps de qualité, les calmandes de laine lustrée et le pinchina, un drap costaud que l'on

	Noblesses	Domesticités	Salariats	Artisanats et boutiques	Offices et talents
Justaucorps	94	89	95	100	85
Veste	94	75	65	90	80
Culotte	89	90	80	92	85
Manteau	59	20	27	46	63
Casaque (surtout pourpoint)	30	–	–	5	24
Chapeau	67	50	57	65	66
Souliers	35	21	35	32	53

Garde-robes masculines sur la base de cent inventaires en 1700 (Source : Daniel Roche).

fabrique en Provence et en Champagne ; il a des ratines et des velours de laine ou de soie pour ses vestes. Ses couleurs préférées vont du noir au musc, les gris sont élégants, la cannelle recherchée, certains tissus sont rehaussés d'or et d'argent. Broderies et garnitures mettent en valeur le rang. Chez tous les gentilshommes se retrouvent plus souvent qu'ailleurs les vêtements de peau, les robes d'intérieur et une profusion de pièces annexes comme la jacquette ou les premières redingotes apparues avant 1715.

Daniel Roche,
La Culture des apparences,
Fayard, 1989

Inventaire des effets portés par les victimes des fêtes du mariage du Dauphin

Le costume de l'«humaine condition» est peu connu. Rare témoignage sur les garde-robes populaires, ce rapport de police rédigé en 1770 en est d'autant plus précieux.

Louise Balleux, 50 ans, femme de Fournier serrurier, demeurant faubourg Saint-Antoine, reconnue par sa fille et son mari : casaquin d'indienne, 3 jupons, un en serge, un de toile indienne, une siamoise rayée bleue et blanche, 1 tablier toile à carreaux rouges, 2 paires de bas de coton et de laine.

Raymond dit Boffadit, 60 ans, compagnon peintre, demeurant rue de la Tixanderie, reconnu par sa veuve : vieille redingote, veste de drap gris, culotte noire, boucles de jarretière.

Pierre Navet, 9 ans, fils de H. Navet, blanchisseur, rue Saint-Honoré : mauvaise veste de cotonnade, chemisette de toile grise, chemise de toile cretonne, culotte de fort et diable rouge rapiécé.

Une garde-robe de poupée

La comtesse de Ségur dote la poupée de ses petites filles modèles d'une garde-robe représentative du XIXe siècle que n'aurait pas reniée une dame de son temps.

Marguerite était enchantée de sa jolie poupée et de son trousseau. Dans le tiroir, du haut de la commode, elle avait trouvé : un chapeau rond en paille avec une petite plume blanche et des rubans de velours noir, une capote en taffetas bleu avec des roses pompons, une ombrelle verte à manche d'ivoire, six paires de gants, quatre paires de brodequins, deux écharpes de soie, un mouchoir et une pèlerine en hermine. Dans le second tiroir : six chemises de jour, six chemises de nuit, six pantalons, six jupons festonnés et garnis de dentelle, six paires de bas, six mouchoirs, six bonnets de nuit, six cols, six paires de manches, deux corsets, deux jupons de flanelle… Dans le troisième tiroir étaient toutes les robes, et les manteaux et mantelets, il y avait une robe en mérinos écossais, une robe en popeline rose, une robe en taffetas noir, une robe en étoffe bleue, une robe en mousseline blanche, une robe en nankin, une robe en velours noir, une robe de chambre en taffetas lilas, une casaque en drap gris, une casaque en velours noir, un talma en soie noire, un mantelet en velours gros bleu, un mantelet en mousseline blanche brodée.

Comtesse de Ségur,
Les Petites Filles modèles,
Hachette, 1858

De la toilette : le bon goût

Savoir choisir impose une maîtrise du goût qu'enseignent les manuels de savoir-vivre, dignes héritiers des livres de civilités du XVIe siècle.

L'habit ne fait pas le moine. – Une fillette s'imagine volontiers que le dimanche, les jours de fête, elle a plus de valeur que les autres jours, parce qu'elle est mieux habillée. […]

N'a-t-elle jamais entendu citer ce proverbe : « L'habit ne fait pas le moine ? » Que veut-il dire, sinon qu'il ne faut jamais juger des gens par leur habit. N'avez-vous pas déjà eu, toutes, l'occasion de vous apercevoir que telle personne, telle enfant avaient, malgré une toilette élégante, des manières très vulgaires ; qu'elles employaient, en parlant, des mots grossiers ; qu'elles se servaient mal, mangeaient malproprement ? […]

Il faut être habillée selon son rang. – Une toilette élégante peut même quelquefois produire un effet absolument contraire à celui que vous attendez.

On ne manquera pas de dire, en vous la voyant porter, que vous n'êtes pas habillées selon *votre condition*, c'est-à-dire selon les ressources dont vos parents disposent. On craindra que vous preniez pour plus tard des goûts de toilette dangereux. En effet, ces goûts seraient très mauvais pour vous, car ils vous entraîneraient peut-être, quand vous aurez à votre tour la charge d'un ménage, à priver les vôtres du *nécessaire* pour subvenir aux dépenses de votre toilette.

Une enfant sérieuse, raisonnable, et qui aurait bien compris la vérité de ce que nous venons de dire, serait la première à prier sa mère de l'habiller très simplement.

La Fillette bien élevée,
Armand Colin,
1919

L'homme et son vêtement

Les rapports de l'homme à son costume sont une source de réflexions pour les écrivains, les philosophes, les historiens… De Diderot à Balzac, d'Umberto Eco à Georges Perec et Roland Barthes, l'analyse de ces relations privilégiées relève de la psychologie, de la sociologie et de la linguistique bien plus que de l'histoire du costume.

Denis Diderot, de la vieille à la nouvelle robe de chambre…

L'embarras du luxe

Catherine II ayant offert à Diderot une somptueuse robe de chambre écarlate, l'écrivain s'est débarrassé de l'ancienne… et le regrette amèrement !

Pourquoi ne l'avoir pas gardée ? Elle était faite à moi ; j'étais fait à elle. Elle moulait tous les plis de mon corps sans le gêner ; j'étais pittoresque et beau. L'autre, raide, empesée, me mannequine. Il n'y avait aucun besoin auquel sa complaisance ne se prêtât ; car l'indigence est presque toujours officieuse. Un livre était-il couvert de poussière, un de ses pans s'offrait à l'essuyer. L'encre épaissie refusait-elle de couler de ma plume, elle présentait le flanc. On y voyait tracés en longues raies noires les fréquents services qu'elle m'avait rendus. Ces longues raies annonçaient le littérateur, l'écrivain, l'homme qui travaille. À présent, j'ai l'air d'un riche fainéant ; on ne sait qui je suis.

Sous son abri, je ne redoutais ni la maladresse d'un valet, ni la mienne, ni les éclats du feu, ni la chute de l'eau. J'étais le maître absolu de ma vieille robe

de chambre ; je suis devenu l'esclave de la nouvelle. […]

Ma vieille robe de chambre était une avec les autres guenilles qui m'environnaient. Une chaise de paille, une table de bois, une tapisserie de Bergame, une planche de sapin qui soutenait quelques livres, quelques estampes enfumées, sans bordure, clouées par les angles sur cette tapisserie ; entre ces estampes trois ou quatre plâtres suspendus formaient avec ma vieille robe de chambre l'indigence la plus harmonieuse.

Tout est désaccordé. Plus d'ensemble, plus d'unité, plus de beauté.

Une nouvelle gouvernante stérile qui succède dans un presbytère, la femme qui entre dans la maison d'un veuf, le ministre qui remplace un ministre disgracié, le prélat moliniste qui s'empare du diocèse d'un prélat janséniste, ne causent pas plus de trouble que l'écarlate intruse en a causé chez moi.

Denis Diderot,
Regrets sur ma vieille robe de chambre ou Avis à ceux qui ont plus de goût que de fortune, 1769

L'esprit des vêtements

Historien et philosophe, l'Ecossais Thomas Carlyle (1795-1881) est l'auteur du premier essai entièrement consacré au vêtement. Il y stigmatise les extravagances des hommes, en invitant le lecteur à méditer sur le mensonge des apparences.

Comme Montesquieu a écrit un *Esprit des lois*, fait observer notre professeur, de même je pourrais écrire un *Esprit des vêtements* ; ainsi, outre un *Esprit des lois*, à proprement parler *Esprit des coutumes*, nous aurions un *Esprit des costumes*. Car, ni dans l'art du tailleur ni dans celui du législateur, l'homme ne procède par simple accident ; mais sa main est toujours guidée par de mystérieuses opérations de l'esprit. Dans toutes ses modes, et ses efforts pour s'habiller, on découvrira une « idée architecturale » cachée ; son corps et l'étoffe dont il se sert sont le lieu et le moyen grâce auxquels son édifice de beauté sera construit. Soit qu'il s'enveloppe avec élégance dans les plis d'une cape, de légères sandales aux pieds ; soit qu'il s'allonge d'une haute coiffure tout en pointes, paillettes et grelots ; ou qu'il s'enfle, portant collerettes empesées, rembourrages de bougran, et protubérances monstrueuses ; ou se sangle en sections séparées, et affronte le monde comme un agrégat de quatre membres – le choix dépendra de la nature de cette « idée architecturale » : qu'elle soit grecque, gothique primitif ou gothique tardif ; exclusivement moderne et parisienne, ou qu'elle relève du dandysme anglais. De plus, quelle signification est celle de la couleur ! Du gris le plus terne à l'écarlate flamboyant, les particularités spirituelles se découvrent dans le choix de la couleur ; si la coupe marque l'intelligence et le talent, la couleur révèle le caractère et le cœur.

Thomas Carlyle,
Sartor Resartus, Le Tailleur retaillé, 1834

Des fonctions des tailleurs

Dans ses romans, Balzac fait du costume un outil privilégié – « le plus énergique de tous les symboles » – pour dessiner le caractère ou le rang social de ses personnages. Il s'attache ici à celui qui le conçoit : le tailleur.

Les meilleurs esprits de nos jours réclament une réforme dans la toilette ; mais je ne sache pas que, jusqu'ici, personne ait indiqué l'abus d'où naissent tous les autres, le vice fondamental qu'il faut corriger avant d'espérer aucune amélioration ; je veux dire l'ignorance complète où est le tailleur de l'importance de sa profession. […] Nous ne pouvons entrer dans le monde, y accomplir notre destinée qu'à la condition de passer par ses mains ; aussi, à peine sommes-nous jetés dans la vie, qu'il nous saisit, nous suit toujours, nous retient et nous enserre par tous les côtés ; nous ne lui échappons que pour entrer dans notre lit de mort. Et quel tailleur a jamais réfléchi à l'importance de pareilles fonctions ? Qui a jamais songé combien le sort d'un homme était étroitement lié à son habillement ?

Voyez-les dans les rues, se rendant chez leurs pratiques, auraient-ils si peu de noblesse et de dignité, s'ils comprenaient que, dans leur foulard, sous leur bras, ils portent un des éléments les plus essentiels d'une destinée d'homme ? Or, s'ils ne sentent point l'importance de leur profession, quelles études, quels soins, quels progrès pouvons-nous espérer d'eux ? quelle perfection attendre jamais de leurs travaux ?

Ainsi donc, pour quiconque désire sincèrement la régénération de la toilette, la première chose, c'est de faire sentir aux tailleurs toute la gravité de leurs fonctions ; qu'ils comprennent que, forcés d'avoir sans cesse recours à leur art, nous avons de grands devoirs à exiger d'eux ; que, appelés par la société à revêtir le corps humain, tous leurs travaux, tous leurs efforts doivent tendre à en faire ressortir la grâce et la beauté. Alors seulement, ils s'élèveront jusqu'aux grands principes qui dominent leur art, ils en étudieront avec ardeur toutes les ressources, ils se feront hommes de conscience ; et bientôt nous verrons disparaître ces vêtements sans goût qui rendent l'homme difforme ou ridicule, et la toilette marchera d'un pas rapide vers la réforme où elle aspire.

Honoré de Balzac,
« Des habits rembourrés »,
Physiologie de la toilette, 1830

La pensée abhorre le justaucorps…ci-dessus, Honoré de Balzac en chemise.

La pensée lombaire

Pour Umberto Eco, « les habits sont des artifices sémiotiques : c'est-à-dire des machines à communiquer ». Analysant sa propre façon de porter un jean, il en fait ici une démonstration éclatante.

J'ai découvert que mes mouvements, ma manière de marcher, de me retourner, de m'asseoir, de presser le pas était *différente*. Ni plus difficile ni plus facile, mais sans aucun doute différente.

Par conséquent, je vivais en sachant que je portais des jeans, alors que d'habitude, on vit en oubliant qu'on a un slip ou un pantalon. Je vivais pour mes blue-jeans et je prenais par conséquent l'attitude extérieure de quelqu'un qui porte des jeans. […] Il est curieux de constater que l'habit traditionnellement le moins formel et le plus anti-étiquette est celui qui impose une étiquette. Je suis d'un naturel plutôt débraillé, je m'assieds n'importe comment, je me laisse aller comme j'ai envie sans prétention d'élégance ; les blue-jeans contrôlaient mes gestes, me rendaient plus poli et plus mûr. J'en ai discuté beaucoup, surtout avec des conseillères de l'autre sexe. Elles m'ont appris, ce que d'ailleurs je soupçonnais déjà, que, pour les femmes, des expériences de ce genre sont habituelles parce que tous leurs habits ont toujours été conçus pour leur donner une contenance : talons hauts, guêpières, soutiens-gorge à balconnets, porte-jarretelles, maillots très serrés.

J'ai alors pensé combien dans l'histoire de la civilisation l'habit-armure à influencé la contenance et, donc, la moralité extérieure Le bourgeois victorien était raide et compassé à cause des cols durs, le gentilhomme du XIXe siècle était déterminé, dans sa rigueur, par des redingotes ajustées, des bottines et des hauts-de-forme qui ne permettaient pas les mouvements brusques de la tête. […]

Je me suis alors rendu compte que les penseurs, au cours des siècles, ont lutté pour se défaire de l'armure. Les guerriers vivaient dans l'extériorité, enveloppés dans leurs cuirasses et leurs cottes, mais les moines avaient inventé un habit qui, tout en répondant *tout seul* aux exigences du maintien (majestueux, fluide, bien droit, de façon à tomber en plis statuaires), laissant le corps (à l'intérieur, dessous) complètement libre et oublieux de lui-même.

Les moines étaient très riches en intériorité et très sales : leur corps, en effet, protégé par un habit qui l'ennoblissait et l'affranchissait, devenait libre de penser et de s'oublier. Ce n'était pas seulement une idée ecclésiastique ; il suffit de penser aux belles houppelandes d'Erasme. Quand l'intellectuel doit lui aussi s'habiller avec des armures laïques (perruques, gilets, *culottes*) on voit que lorsqu'il se retire pour penser, il s'exhibe astucieusement dans de somptueuses robes de chambre, ou d'amples chemises drolatiques à la Balzac. La pensée abhorre le justaucorps.

Umberto Eco,
La Guerre du Faux,
Livre de poche, 1976

Pourquoi parler de la mode ?

Pour Georges Perec , la mode est une machine qui, à l'inverse de celle d'Umberto Eco, détruit le sens des choses.

On pourrait poser une question plus générale. Elle concernerait ces institutions contemporaines, comme la mode, le sport, les « vacances », la vie

collective, la pédagogie, la « protection de la nature », l'environnement culturel, etc., etc., qui, me semble-t-il, transforment en épreuve, sinon en souffrance, sinon même en supplice, des activités qui, au départ n'étaient, ne voulaient être que plaisir ou jouissance.

D'un objet à la mode, on dit qu'il fait fureur. Mais n'y a-t-il pas quelque chose de curieux, de vraiment furieux dans la mode ? Pas seulement de furieux, d'ailleurs, mais aussi de bruyant, de très bruyant, de tonitruant. Ça n'a aucun respect pour le silence, la mode : ça casse les oreilles.

Il devrait s'agir de plaisir : plaisir du corps, plaisir du jeu, plaisir de s'habiller, de s'habiller pareil ou de s'habiller autrement, plaisir parfois de se déguiser, plaisir de découvrir, d'imaginer, plaisir de retrouver quelque chose, plaisir de changer.

Cela s'appellerait la mode : une manière de jouissance, le sentiment d'une petite fête, d'un gaspillage ; quelque chose de futile, d'inutile, de gratuit, d'agréable. On inventerait un plat, un geste, une expression, un jeu, un habit, un lieu de promenade, une danse, on ferait partager son invention, on partagerait les inventions des autres : cela durerait quelques heures ou quelques mois ; on s'en lasserait ou on ferait semblant de s'en lasser ; cela reviendrait ou ne reviendrait pas. Ce serait comme à l'école, pendant les récréations : ça a été les barres, puis la balle au chasseur, puis les billes, puis l'orchestre avec des peignes et du papier chiotte, puis les collections d'emballages de cigarettes.

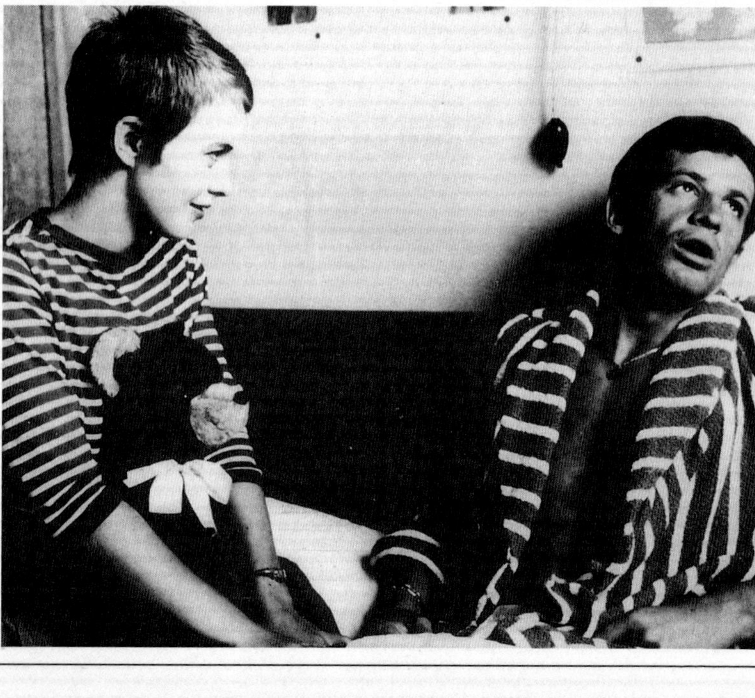

Mais ce n'est pas ça, évidemment, pas ça du tout. Avant même de commencer à parler de la mode, avant même que les faits de mode soient éclairés par les lumières plus ou moins chatoyantes des diverses idéologies contemporaines, on sait déjà que ça ne sera pas ça.

La mode, pourtant, parle de caprice, de spontanéité, de fantaisie, d'invention, de frivolité. Mais ce sont des mensonges : la mode est entièrement du côté de la violence : violence de la conformité, de l'adhérence aux modèles, violence du consensus social et des mépris qu'il dissimule.

Georges Perec,
Douze Regards obliques,
Revue française, 1978

Costume et habillement

Roland Barthes s'appuie sur la linguistique pour interroger les rapports entre normalisation collective et adaptation individuelle de la mode.

La langue est une institution sociale, indépendante de l'individu, c'est une réserve normative dans laquelle l'individu puise sa parole, c'est « un système virtuel qui ne s'actualise que dans et par la parole ». La parole est un acte individuel, « une manifestation actualisée de la fonction de langage », *langage* étant un terme générique qui comprend la langue et la parole. Il semble extrêmement utile de distinguer d'une façon analogue dans le vêtement, une réalité institutionnelle, essentiellement sociale, indépendante de l'individu, et qui est comme la réserve systématique, normative, dans laquelle il puise sa propre tenue ; nous proposons d'appeler cette réalité, qui correspond à la langue chez Saussure, le *costume* ; et une réalité individuelle, véritable acte de « vêtement », par lequel l'individu actualise sur lui l'institution générale du costume ; nous proposons d'appeler cette seconde réalité, qui correspond à la parole chez Saussure, l'*habillement*. Costume et habillement forment un tout générique, auquel nous proposons de réserver désormais le nom de *vêtement*. [...]

Pour le sociologue, c'est évidemment le passage de l'habillement au costume qui est le plus important. Ce passage peut se saisir dans un élargissement numérique du fait d'habillement (à la condition expresse que cet élargissement puisse être défini comme un phénomène d'adoption), ou encore dans une initiative technologique du fabricant de vêtements ou de son syndicat ; par exemple, le port du manteau sur les épaules, manches pendantes, devient un fait de costume à partir du moment où : 1. une communauté en fait une marque distinctive imposée à tous ses membres (Frères des Ecoles chrétiennes) ; 2. le fabricant pourvoit des manteaux de confection de brides intérieures pour passer les bras et retenir le manteau sans enfiler les manches (système anglais). Il faut noter qu'un fait d'habillement d'abord constitué par un état dégradé du costume peut se transformer de nouveau en fait de costume secondaire, à partir du moment où la dégradation fonctionne comme un signe collectif, comme une valeur : par exemple, le costume peut impliquer à l'origine l'usage de tous les boutons de la chemise ; puis tel habillement négligera de boutonner les deux boutons supérieurs ; cette carence redeviendra elle-même fait de costume à partir du moment où elle sera constituée en norme par un groupe déterminé (dandysme).

Roland Barthes,
« Histoire et sociologie du vêtement »,
in *Annales*, juillet-septembre, 1957

Lectures de mode

Nombre d'écrivains ont utilisé le vêtement comme métaphore du caractère des personnages, et la mode comme métaphore de leur condition. De Rabelais à La Bruyère, de Cocteau a Duras, la mode et le vêtement deviennent la trame d'un récit où se retrouvent les humeurs, les désirs ou les splendeurs de l'homme.

Masculin-féminin

Pour Rabelais, le vêtement est apparat et les atours de la Cour sont l'occasion d'une description fastueuse, où le vêtement incarne et révèle la splendeur d'un pays de rêve.

Les hommes étaient habillés à leur mode ; chausses, pour les bas d'étame ou serge drapée en écarlate, migraine blanc ou noir, pour les hauts, de velours, des mêmes ou bien très approchant, brodés et déchiquetés suivant leur invention, le pourpoint de drap d'or ou d'argent, de velours, satin, damas, taffetas, des mêmes couleurs, déchiquetés, brodés et accoutrés à l'avenant. Les aiguillettes de soie des mêmes couleurs, avec les fers d'or bien émaillés, les soies et chamarres de drap d'or, drap d'argent, velours pourfilé à plaisir ; les robes autant précieuses comme celles de dames ; les ceintures de soie des couleurs du pourpoint, et chacun la belle épée au côté, la poignée dorée, le fourreau de velours, de la couleur des chausses, le bout d'or et d'orfèvrerie, le poignard de même, le bonnet de velours noir, garni

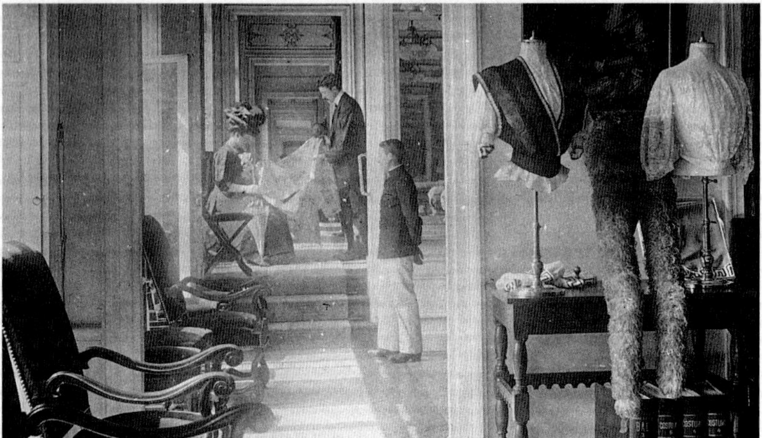

de force bagues et boutons d'or, la plume blanche mignonnement partagée de paillettes d'or. *La braguette était proéminente*, bien joyeusement attachée, avec deux belles boucles d'or. »

Les dames portaient chausses d'écarlate ou de migraine et les dites chausses montaient au-dessus du genou, juste de la hauteur de trois doigts ; et la lisière était de quelques belles broderies ou découpures. Les jarretières étaient de la couleur de leurs bracelets, et serrées au genou par-dessus et par-dessous. Les souliers, escarpins et pantoufles, de velours cramoisi, rouge ou violet, étaient déchiquetés à barbe d'écrevisse. Par-dessus la chemise, elles vêtaient la belle vasquine de quelque beau camelot de soie, et sur cette vasquine vêtait la vertugade de taffetas blanc, rouge, etc.

Au-dessus, la cotte de taffetas d'argent faite à broderie de fin or, entortillée à l'aiguille… Les robes, selon la saison, de toile d'or à frisures d'argent, de satin rouge, etc. En été, quelquefois, au lieu de robes, elles portaient de belles marlottes des étoffes susdites, ou des bernes à la mauresque. Et toujours de beaux panaches selon les couleurs des manchons, bien garni de papillotes d'or.

Les patenôtres, anneaux, jazerans, carcans, étaient de fines pierreries. L'accoutrement de la tête était selon le temps : en hiver à la mode française, au printemps, à l'espagnole, en été, à la turque.

François Rabelais,
Les Grandes et Inestimables chroniques du grand et énorme géant Gargantua,
1532

Du caractère de la mode

Raillant ses contemporains et leurs travers, La Bruyère observe la façon dont l'homme se représente au travers de son goût. Il est l'un des premiers à faire un lien entre l'analyse de la mode et la compréhension du monde.

Un homme fat et ridicule porte un long chapeau, un pourpoint à ailerons, des chausses à aiguillettes et des bottines ; il rêve la veille par où et comment il pourra se faire remarquer le jour qui suit. Un philosophe se laisse habiller par son tailleur. Il y a autant de faiblesse à fuir la mode qu'à l'affecter.

L'on blâme une mode qui, divisant la taille des hommes en deux parties égales, en prend une tout entière pour le buste et laisse l'autre pour le reste du corps ; l'on condamne celle qui fait de la tête des femmes la base d'un édifice à plusieurs étages, dont l'ordre et la structure changent selon leurs caprices ; qui éloigne les cheveux du visage, bien qu'ils ne croissent que pour l'accompagner ; qui les relève et les hérisse à la manière des Bacchantes, et semble avoir pourvu à ce que les femmes changent leur physionomie douce et modeste en une autre qui soit fière et audacieuse. On se récrie enfin contre une telle ou une telle mode, qui cependant, toute bizarre qu'elle est, pare et embellit pendant qu'elle dure, et dont l'on tire tout l'avantage qu'on en peut espérer, qui est de plaire. Il me paroit qu'on devroit seulement admirer l'inconstance et la légèreté des hommes, qui attachent successivement les agréments et la bienséance à des choses tout opposées, qui emploient pour le comique et pour la mascarade ce qui leur a servi de parure grave et d'ornements les plus serieux, et que si peu de temps en fasse la différence. […]

Une mode a à peine détruit une autre mode, qu'elle est abolie par une plus nouvelle, qui cède elle-même à celle qui la suit, et qui ne sera pas la dernière ; telle est notre légèreté : pendant ces révolutions, un siècle s'est écoulé qui a mis toutes ces parures au rang de choses passées et qui ne sont plus. La mode alors la plus curieuse et qui fait plus de plaisir à voir, c'est la plus ancienne. Aidée du temps et des années, elle a le même agrément dans les portraits qu'à la saye ou l'habit romain sur les théâtres, qu'ont la mante, le voile et la tiare dans nos tapisseries et dans nos peintures.

Nos pères nous ont transmis, avec la connoissance de leurs personnes, celle de leurs habits, de leurs coiffures, de leurs armes et des autres ornements qu'ils ont aimés pendant leur vie. Nous ne saurions bien reconnoitre cette sorte de bienfait qu'en traitant de même nos descendants.

Le courtisan autrefois avoit ses cheveux, étoit en chausses et en pourpoint, portoit de larges canons, et il était libertin ; cela ne sied plus : il porte une perruque, l'habit serré, le bas uni, et il est dévot ; tout se règle par la mode.

La Bruyère,
Les Caractères, 1688

Au bonheur des dames

Toile de fond et argument du roman d'Emile Zola, les grands magasins se développent au XIXe siècle. La mode devient véritablement, avec la fabrication industrielle, un phénomène de société.

Et les confections étaient là, dans cette chapelle élevée au culte des grâces de la femme : occupant le centre, un article hors ligne, un manteau de velours avec des garnitures de renard argenté d'un côté, une rotonde de soie, doublée de petit-gris ; de l'autre, un paletot de drap, bordé de plumes de coq ; enfin, des sorties de bal, en cachemire blanc, en matelassé blanc, garnies de cygne ou de chenille. Il y en avait pour tous les caprices, depuis les sorties de bal à 29 francs jusqu'au manteau de velours affiché dix-huit cents francs. La gorge ronde des mannequins gonflait l'étoffe, les hanches fortes exagéraient la finesse de la taille, la tête absente était remplacée par une grande étiquette, piquée avec une épingle dans le molleton rouge du col ; tandis que les glaces aux deux côtés de la vitrine, par un jeu calculé, les reflétaient et les multipliaient sans fin, peuplaient la rue de ces belles femmes à vendre, et portant des prix en gros chiffres, à la place des têtes.

A chaque marche, un mannequin solidement fixé, plantait un vêtement immobile, costumes, paletots, robes de chambre, et l'on eut dit une double haie de soldats pour quelque défilé triomphal, avec le petit manche de bois, pareil au manche d'un poignard enfoncé dans le molleton rouge qui saignait à la section fraîche du cou.

Emile Zola,
Au bonheur des dames, 1883

La mode meurt jeune

Dans l'entre-deux-guerres, la mode devient un des acteurs de la vie culturelle que Jean Cocteau personnifie en un portrait évocateur.

La mode meurt très jeune et cela l'éclaire d'une sorte de phosphorescence, d'une rougeur aux joues qui nous émeut. Elle est condamnée depuis sa naissance. Elle est presque morte avant de vivre Elle doit jeter tout son bouquet d'un seul coup, sans reprises. Elle est insolente et touchante. On pourrait la définir de la sorte : une épidémie foudroyante grâce à laquelle des personnes de formations diverses et antagonistes obéissent à un ordre mystérieux, venu d'on ne sait où, et se soumettent à une habitude qui dérange les leurs jusqu'à la minute où un ordre nouveau change le jeu et les oblige à tourner casaque. […]

Mademoiselle Chanel déclare, à juste titre, que la «couture crée des choses belles qui deviennent laides, alors que l'art crée des choses laides qui deviennent belles».

Parole profonde qui, peut-être, lui conseilla d'abandonner son règne après avoir prouvé aux femmes que les bijoux peuvent orner la laine et que les cheveux courts ne sont pas seulement le privilège des hommes. Le réflexe d'un esprit actif est une révolte contre une pente. Cette révolte provoque une secousse et cette secousse une mode.

Jean Cocteau,
in *Vingt-Cinq Ans d'élégance à Paris*,
Editions Pierre Tisne, 1951

L'uniforme M. D.

Comme Buffon qui n'écrivait que revêtu de ses habits de Cour pour assurer la noblesse de son style, l'écrivain se raconte par ses propres vêtements.

Madeleine Renaud, elle, c'est Yves Saint Laurent qui l'habille, il lui fait des robes, on les lui met et allez hop, elle circule avec. On se demande si elle sait que la robe qu'elle a sur elle est nouvelle. Elle sait moins de choses, désormais, Madeleine. Nous nous aimons elle et moi, beaucoup, je crois qu'elle le sait encore. Souvent je me dis que nous sommes deux, Madeleine et moi à ne pas être coquettes. Mais c'est plus compliqué que ça. J'ai un uniforme depuis maintenant quinze ans, c'est l'uniforme M. D., cet uniforme qui a donné, paraît-il, un look Duras, repris par un couturier l'année dernière : le gilet noir, une jupe droite, le pull-over à col roulé et les bottes courtes en hiver. J'ai dit : pas coquette, mais c'est faux. La recherche de l'uniforme est celle d'une conformité entre la forme et le fond, entre ce qu'on croit paraître et ce qu'on voudrait paraître, entre ce qu'on croit être et ce qu'on désire montrer de façon allusive dans les vêtements qu'on porte. On la trouve sans la chercher vraiment. Une fois trouvée, elle est définitive. Et elle finit par vous définir. Enfin c'est fait. C'est une commodité. Je suis très petite. De ce fait la plupart des vêtements que portent la très grande majorité des femmes, je n'ai pas pu les porter. Toute ma vie a été marquée par cette difficulté, ce problème; ne me signaler en rien dans le vêtement afin de ne pas attirer l'attention sur le cas d'une femme très petite. Faire en sorte que les gens ne se posent plus de questions sur ma taille en mettant toujours les mêmes habits. De telle sorte que ce soit plutôt l'uniformité de l'habit qu'ils remarquent, pas la raison de la chose. Je ne porte plus de sac. Ma vie a changé à cause de ça. Mais même avant le gilet, c'était un peu pareil, un peu différemment pareil.

Moi ce n'était pas la peine que je me recouvre de beaux habits parce que j'écrivais. C'est valable même avant d'écrire, ces choses-là. Les hommes aiment les femmes qui écrivent. Ils ne le disent pas. Un écrivain c'est la terre étrangère. Comme ça vous savez tout.

Marguerite Duras,
La Vie matérielle,
POL, 1987

Les débuts de la presse de mode

Apparues au XVIIIe siècle, les premières revues de mode ont pour nom Le Cabinet des modes ou les modes nouvelles *(1785),* Le Journal des dames et des modes *(1797),* Le Petit Courrier des dames *(1821)… Réservées à une clientèle élégante, elles se multiplient au XIXe siècle et au début du XXe. Certaines d'entre elles commencent alors à s'adresser aux couturières qui peuvent reproduire les modèles qui y sont présentés. Sur les 180 revues lancées entre 1871 et 1908, une trentaine est ainsi destinée à des gens de métier.*

Le Journal des dames et des modes

Ce journal, publié au rythme d'un numéro tous les cinq jours, comporte huit pages et des gravures coloriées hors texte. Il se maintiendra jusqu'en 1839 en changeant plusieurs fois de titre.

Rien de plus léger et de plus chaud qu'un châle de cachemire ; si nos dames recherchent avec soin cette étole précieuse, on ne saurait les en blâmer. La santé, la décence, la raison sont ici d'accord avec la mode ; mais on trouve le moyen de tout outrer. Qu'est-ce qu'un cachemire ? Les dames de la haute volée en mettent deux sur leurs épaules. Ces châles valent mille écus pièce. Ajoutez à cela quelques diamants en boucles d'oreilles, en bracelets, en agrafes de ceinture, et vous aurez raison de dire qu'une femme en négligé vaut son pesant d'or.

14 novembre 1813

La Dernière mode

Cette revue éphémère (8 numéros en 1874) s'illustre par la personnalité de son directeur et unique rédacteur, Stéphane Mallarmé. Signés Miss Satin, Marguerite de Ponty, Zizy ou Olympe, tous les articles de cette « gazette du monde et de la famille » sont écrits dans l'intention avouée « d'intéresser aux habitudes du beau ordinaire ».

Cela irrite les gazetières, mais il faut savoir écouter les mécontents : tout le monde n'est pas heureux ; tout le monde ne peut pas acheter des robes bleu-rêve, chaos et Infante, ni des tuniques loutre en pure laine du Tibet.

Je les ai nommées ces trois fameuses robes, et dussé-je m'attirer les colères des envieux, je veux décrire au moins la robe bleu-rêve.

Nous avons toutes rêvé cette robe-là sans le savoir. M. Worth, seul, a su créer une toilette aussi fugitive que nos pensées.

On n'a qu'à le vouloir, pour se figurer une longue jupe à traîne de reps, de soie du bleu le plus idéal, ce bleu si pâle à reflets d'opale, qui enguirlande quelquefois les nuages argentés. Le devant de la jupe est en faille et très-garni de plissés; les panneaux de côté sont ornés du haut en bas de nœuds, pompons doublés de soie paille; et de l'un des côtés à l'autre, passe, au-dessous d'un pouf coulissé, une écharpe dessinant des méandres à traces couleur primevère et bleu. Le corsage est moyen âge, avec des crevés toujours paille, les manches sont garnies de nœuds pompons. Le fichu à plis opulents a des teintes printanières. Voilà une toilette de jeune femme et de grande cérémonie, comme toutes les jeunes femmes doivent en porter préférablement à ces parures rouges, ou à teintes jaune d'œuf que d'autres grands faiseurs ont inaugurées.

Miss Satin,
1er novembre 1874

La Gazette du Bon Ton

Fondée en 1912 par Lucien Vogel, cette luxueuse revue mensuelle entend « considérer la mode comme l'un des beaux-arts ». Elle doit sa notoriété à une étroite collaboration entre des peintres-illustrateurs renommés et les couturiers les plus célèbres de l'époque.

On a nommé cette revue la *Gazette du Bon Ton*.

Pour être de bon ton, il ne suffit pas d'être élégant. On est élégant de cent façons et même avec scandale : le bon ton est le même pour tous. L'élégance change : le bon ton ne varie pas; elle suit la mode, il suit le goût. Le bon ton n'est point gourmé, et cependant il aime la réserve. Il n'est point fade, et cependant il est discret. Il n'est point tapageur, et cependant il est libre. Une grâce innée lui sert de talisman : guidé par elle, tout lui est permis, et il ne saurait cesser d'être charmant sans cesser d'être lui-même. Il a l'air tout simple, et cette simplicité est raffinée. Il faut des siècles pour le former, comme il faut seize quartiers pour créer un visage noble. Ingénieux dans ses inventions, il n'aime pas qu'on les remarque; il a le sentiment du gracieux et du beau, mais l'horreur de l'ostentation; il est spirituel : spirituel dans le dessin, comme dans le vif agencement des couleurs; et c'est parce qu'il est spirituel qu'il paraît aisé. [...]

On voudrait recueillir dans ces pages cette grâce du temps présent éparse au Bois, à la comédie, aux courses, aux thés, à un dîner, à une fête, et la prenant toute vive à l'esprit même de ceux qui la créent, en conserver ici la fraîcheur.

Henri Bidou,
novembre 1912

Le dandysme : un art de vivre

Le XIXe siècle littéraire voit dans le dandy un « héros désespéré », propre à camper un personnage dont Brummell reste la figure emblématique. De Barbey à Balzac et à Baudelaire (les trois B), ou encore d'Oscar Wilde à Jean Lorrain, de Joris-Karl Huysmans à Villiers de L'Isle-Adam, cette littérature nourrit largement encore l'imaginaire contemporain.

George Bryan Brummell

George Bryan Brummell a laissé peu de textes sur cette élégance dont il faisait profession. Ces quelques lignes sont le pâle reflet de l'art de l'apparence emblématique qu'il représentait.

I – Le drapé constitue le principe de base du vêtement masculin. Il doit être à la fois souple et seyant. Pour les deux raisons suivantes, il est nettement préférable au vêtement ajusté : un drapé souple est plus frais en été et plus chaud en hiver; un drapé souple peut être apprêté en des formes belles ou majestueuses. Un vêtement ajusté au corps est laid, et souvent ridicule.

II – Les justes proportions entre le haut et le bas constituent la seconde règle du vêtement masculin. De même que les objets, plus larges en haut qu'en bas, à la manière de pyramides renversées, donnent l'apparence de la légèreté et que l'inverse est vrai, de même une silhouette est allégée par un vêtement qui va depuis le haut en se rétrécissant et alourdie par l'effet contraire. […]

On remarque qu'en même temps que le vêtement est devenu plus souple, on a laissé pousser la barbe, et ceci à tous les âges. On voit même un certain nombre d'hommes, que les remarques du vulgaire laissent parfaitement froids, se faire pousser la moustache.

De fait, la barbe est un signe de noblesse et de virilité. Dieu en a fait le signe distinctif de l'homme. Aussi est-ce dans les périodes de mœurs efféminées, de décadences et de fins d'empires que la barbe a été abandonnée.

George Brummell,
Principles of Costume Applied to the Improved Dress of the Present Day, 1822

Oscar Wilde

Oscar Wilde personnifie le « jusqu'au-boutisme » du dandy littéraire que son souci de perfection pousse, à force de conscience de soi, au ban de la société.

Il est tout à fait exact que, tant que les vêtements du bas sont maintenus par les hanches, un corset est absolument nécessaire; mais c'est une erreur de ne pas faire maintenir tous les effets par les épaules. Au contraire, en ce cas, le corset devient inutile, le corps est laissé libre et dégagé pour la respiration et le mouvement; c'est plus sain et, par conséquent, plus beau. A vrai dire, tous les vêtements les plus gênants et désagréables que prescrit la mode, cette folie, non seulement le corset serré, mais le vertugadin, le cerceau, la crinoline et cette monstruosité moderne dénommée «rembourrage», tout cela provient de la même erreur, l'erreur de ne pas voir que c'est des épaules, et des épaules seulement, que tous les vêtements doivent tomber.

En ce qui concerne les talons hauts, j'admets volontiers que la surélévation des souliers ou des bottines est nécessaire si l'on porte des jupes dans la rue; mais, ce à quoi je m'oppose, c'est qu'on surélève le talon seulement et non la semelle entière. La bottine moderne à hauts talons n'est, en réalité, que le brodequin du temps de Henry IV avec l'empeigne inchangée : son effet inévitable est de faire pencher le corps en avant, de raccourcir les pas et, en conséquence, de produire ce manque de grâce qui suit toujours le manque d'aisance.

Oscar Wilde,
Lettres, Gallimard, 1994

Grandeur et décadence

Virginia Woolf évoque «Beau Brummell» dans un portrait sensible : dandy jusqu'à la mort.

La grâce de son port était si surprenante, ses révérences si exquises. Tout le monde avait l'air trop bien habillé ou mal habillé – certains, en vérité, positivement sales – à côté de lui. Ses habits semblaient se fondre les uns dans les autres par la perfection de leur coupe et la calme harmonie de leurs teintes. Sans rien d'appuyé tout était distingué, depuis sa révérence jusqu'à sa manière d'ouvrir sa boîte à priser, toujours de la main gauche. Il incarnait la fraîcheur, l'ordre et la propreté, [...] le Beau semblait invulnérable. [...]

Ainsi, quand la paralysie le frappa durant le dîner, il quitta la table sans un signe; couvert de dettes comme il l'était, il choisissait encore son chemin sur les pavés et marchait sur la pointe des pieds pour épargner ses escarpins, et quand vint le jour terrible où il fut jeté en prison, il gagna l'admiration des meurtriers et des voleurs en apparaissant aussi calme et courtois parmi eux que s'il était sur le point de rendre une visite matinale. [...] On décréta qu'il devait se contenter d'un seul changement de linge par jour, et sa pension ne devait concerner que des articles de première nécessité. Mais comment un Brummell pourrait-il vivre seulement avec les articles de première nécessité? L'exigence était absurde. Peu de temps après, il révéla la gravité de la situation en arborant un foulard de soie noire en aversion. C'était un signal de détresse, le signe que la fin n'était plus loin. [...] C'était donc sans remède; et le Beau, qui avait émané le gracieux et l'exquis, dut être poussé dans la tombe comme n'importe quel vieillard mal vêtu, mal élevé et gênant.

Virginia Woolf,
The Common Reader, 1932,
Traduction G. Villeneuve,
Obsidiane, 1985

La mode au musée

Le musée de la Mode et du Textile a été inauguré dans l'aile Marsan du Louvre en 1986 par Jack Lang, alors ministre de la Culture. Il est actuellement en restructuration, et sa réouverture est prévue au début de l'année 1997, dans l'aile de Rohan. En France et de par le monde, de nombreuses collections présentent aussi bien des costumes, des créations de la mode que des textiles.

Paire de chaussures ayant appartenu à l'impératrice Joséphine.

Le musée de la Mode et du Textile

Dans ses deux étages d'exposition permanente, le musée présentera environ cent cinquante costumes sur mannequins accessoirisés, avec des vitrines pour les objets de la parure et les textiles. Une rotation des œuvres exposées permettra au public de mieux profiter de la richesse de ses collections.

Le musée disposera en outre d'une galerie pour des expositions temporaires et d'un petit salon pour des expositions-dossiers.

Le musée aura aussi une fonction de recherche et d'enseignement, de façon à s'adapter à ses divers publics : visiteurs curieux mais aussi public scolaire, étudiants, universitaires et spécialistes, professionnels de la mode et du textile. Un étage sera consacré à la documentation (documents originaux, archives, dossiers thématiques, vidéos) et à l'enseignement, avec une salle de conférences pour des formations à partir de l'examen de pièces authentiques et un atelier pour les enfants.

Les réserves, situées sous les jardins du Carrousel, seront visitables et permettront l'étude des œuvres sur place.

La collection est la réunion des fonds de l'Union centrale des Arts décoratifs et de l'Union française des Arts du Costume et possède, parmi bien d'autres pièces, les pantoufles du sacre de Joséphine, les bas du sacre de Napoléon Ier, des souliers de madame Récamier, des escarpins d'Alfred de Musset, une robe de Cléo de Mérode, une cape de Nathalie Barney, des robes de la duchesse de Windsor, une paire de bottes créée par Roger Vivier pour John Lennon…

En quelques chiffres : 15 000 costumes du XVIe siècle à nos jours,

50 000 accessoires de mode, 60 000 pièces de tissu de l'époque copte à nos jours, 3 500 volumes d'échantillons de textile, tissus, broderie, passementerie, dentelle, du XVIIIe siècle à nos jours, 150 000 photographies et dessins de mode d'époque, etc. Un vidéodisque permet en outre de consulter les collections de l'UFAC.

Autres musées ayant un département costume et/ou textile

France
- Musée de la Mode et du Costume, Palais Galliéra, Paris.
- Espace Mode-Méditerranée, musée de la Mode de Marseille.
- Musée du Costume, Château-Chinon.
- Musée historique des Tissus, Lyon.
- Musée de l'Impression sur étoffes, Mulhouse.
- Musée de la Chaussure, Romans.
- Musée des Arts et Traditions populaires, Paris.

Allemagne
- Modemuseum, Stadtmuseum, Munich.

Autriche
- Modesammlungen des historischen Museums, Schloss Hetzendorf, Vienne.

Danemark
- Dansk Folkenmuseum, Copenhague.

Espagne
- Museo Textil i d'Indumentaria, Barcelone.

Etats-Unis d'Amérique
- Los Angeles County Museum of Art.
- M. H. de Young Museum, San Francisco (Californie).
- Art Institute of Chicago (Illinois).
- Museum of Fine Arts, Boston (Massachusetts).
- Brooklyn Museum, New York.
- Costume Institute, Metropolitan Museum of Art, New York.
- Fashion Institute of Technology, New York.
- Museum of the City of New York.
- The Kent State University Museum, Kent (Ohio).
- Houston Museum of Fine Arts (Texas)
- Texas Fashion Collection, School of Visual Arts, University of North Texas, Denton.
- Valentine Museum, Richmond (Virginia).

Grande-Bretagne
- Museum of Costume, The Assembly Rooms, Avon.
- Castle Howard Costume Galleries, York.
- The Museum of London.
- Victoria and Albert Museum, London.
- Gallery of English Costume, Manchester.
- Central Museum, Northampton.

Italie
- La Galleria del Costume, Palazzo Pitti, Florence.

Japon
- Kyoto Costume Institute.

Pourpoint du début du XVIIe siècle.

BIBLIOGRAPHIE

- *De la mode et des lettres*, catalogue par Madeleine Delpierre & Guillaume Garnier, Musée de la Mode et du Costume, Paris, 1984.
- *Dictionnaire de la mode au XXe siècle*, sous la direction de Bruno Remaury, Editions du Regard, Paris, 1994.
- *L'Ethnographie : vêtements et sociétés*, sous la direction de Yves Delporte, Société d'ethnographie de Paris, 1983.
- *Mille Ans de costume français*, sous la direction de Jean Cuisenier, Gérard Klopp Editeur, 1991.
- *Le Vêtement : histoire, archéologie et symbolique vestimentaire*, sous la direction de Michel Pastoureau, Le Léopard d'or, 1989.

- Honoré de Balzac, *Traité de la vie élégante*, Bossard, Paris, 1922.
- Jules Barbey d'Aurevilly, *Du dandysme et de George Brummell*, Balland, Paris, 1986.
- Roland Barthes, *Le Système de la mode*, Seuil, Paris, 1967.
- Roland Barthes, «Histoire et sociologie du vêtement», in *Annales*, n° 3, juillet-septembre, 1957.
- Charles Baudelaire, «Le Peintre de la vie moderne», in *Le Figaro*, 1863.
- Jean Baudrillard, *De la séduction*, Galilée, Paris, 1979.
- Patrice Bollon, *Morale du masque*, Seuil, Paris, 1990.
- François Boucher, *Histoire du costume en Occident, de l'Antiquité à nos jours*, Flammarion, Paris, 1987.
- Pierre Bourdieu, *La Distinction, Critique sociale du jugement*, Editions de Minuit, Paris, 1979.
- Grazietta Butazzi, *La Mode : art, histoire et société*, Hachette, Paris, 1983.
- Thomas Carlyle, *Sartor Resartus; La Philosophie du vêtement*, Aubier Montaigne, Paris, 1973.
- Baldassare Castiglione, *Le Livre du courtisan* (1528), traduction Alain Pons, Gérard Lebovici, 1987.
- Farid Chenoune, *Des modes et des hommes, Deux Siècles d'élégance masculine*, Flammarion, Paris, 1993.
- Yvonne Deslandres, *Le Costume, image de l'homme*, Albin Michel, Paris, 1976.
- Antoine Fitelieu, *La Contre-Mode*, Paris, 1642.
- Edmond et Jules de Goncourt, *Histoire de la société française pendant le Directoire*, Le Promeneur, Paris, 1992.
- Balthazar Gracian, *L'Homme de Cour*, traduction par Amelot de la Houssaie, Gérard Lebovici, 1987.
- Didier Grumbach, *Histoires de la mode*, Seuil, Paris, 1992.
- Colette Guillemard, *Les Mots du costume*, Belin, Paris, 1991.
- Dick Hebdige, *Subculture : The Meaning of Style*, Methuen & Co, Londres, 1979.
- Emmanuel Kant, *Anthropologie du point de vue pragmatique*, traduction par Michel Foucault, J. Vrin, Paris, 1988.
- James Laver, *Histoire de la mode et du costume*, L'Univers de l'art, 1990.
- Maurice Leloir, *Histoire du costume de l'Antiquité à 1914*, 1951.
- Jean-Claude Loiseau, *Les Zazous*, Grasset, Paris, 1990.
- Florence Muller et Lydia Kamitsis, *Le Chapeau, une histoire de tête*, Editions Syros, Paris, 1993.
- Michel Pastoureau, *L'Etoffe du diable*, Seuil, Paris, 1991.
- Philippe Perrot, *Les Dessus et les dessous de la bourgeoisie*, Editions Complexe, Paris, 1984.
- Philippe Perrot, «Généalogie de l'austérité des apparences», in *Communications*, n° 46, Seuil, 1987.
- Paul Poiret, *En habillant l'époque*, Grasset, Paris, 1986.
- Albert Racinet, *Histoire du costume*, Bookking International, Paris, 1989.
- Daniel Roche, *La Culture des apparences*, Fayard, Paris, 1989.
- Maggy Rouff, *La Philosophie de l'élégance*, Editions littéraires de France, Paris, 1942.
- Matthaüs Schwarz, *Un banquier mis à nu* (*Trachtenbuch* présenté par Philippe Braunstein), Découvertes Gallimard Albums, Paris, 1992.
- Jacques d'Enghien, dit Sicile, *Le Blason des couleurs en armes livrées et devises* (1458), Paris, 1495.
- Georg Simmel, *La Tragédie de la culture* (préface de Vladimir Jankélévitch), Rivages, Paris, 1993.
- Cesare Vecellio, *Degli habiti antichi e moderni di diverse parte del mondo*, Venise, 1590.
- Paul Yonnet, *Jeux, modes et masses : La Société française et le moderne : 1945-1985*, Gallimard, Paris, 1985.

TABLE DES ILLUSTRATIONS

COUVERTURE

OUVERTURE

CHAPITRE I

CHAPITRE II

CHAPITRE III

CHAPITRE IV

CHAPITRE V

TÉMOIGNAGES ET DOCUMENTS

INDEX

A

B

C

CRÉDITS PHOTOGRAPHIQUES

Abbas/Magnum, Paris 30. Aïsa, Barcelone 37. Archives Photos, Paris 28, 29h, 124, 129. Giacomo Artele 100/101. Ian Berry/Magnum, Paris 93. Bibliothèque nationale de France, Paris 12, 47d, 58g, 58d, 59, 60h, 60b, 61, 62/63, 67h, 68/69, 114, 116, 120g, 120d. Bildarchiv, Berlin 78h. Cat's, Paris 2, 3, 5, 6/7, 8/9. J.-L. Charmet, Paris 11, 14b, 25h, 42h, 43, 48h, 48b, 50h, 50b, 51d, 57, 65d, 96, 104/105, 112. Coll. Christophe L., Paris 4. Dagli-Orti, Paris 4e de couverture, 15, 23g, 32hg, 32hd, 42b, 51, 64/65, 73, 83h, 95h, 95bd. De Selva/Tapabor, Paris 49d, 52, 53hg, 53hd, 81, 90/91. D.R. Dos, 13, 16, 17, 22g, 25b, 26d, 27d, 29b, 31, 66/67, 67b, 71d, 74, 75b, 80, 109d, 111, 113, 123. Edimedia, Paris 24b. E.N.S.B.A., Paris 82. Etienne Georges 54h. J. Gaumy/Magnum, Paris 104m. Giraudon, Paris 14, 18b, 33, 35, 44b, 66, 72, 74/75, 76, 78b, 79, 95bg, 98/99, 99b, 106g, 106/107. C. Harbutt/Rapho, Paris 104h. Hulton Deutsch, Londres 99h, 102/103. L'Illustration/Sygma, Paris 16/17, 65g. Keystone, Paris 24b, 53b, 110/111. The Kobal Collection, Londres 20. E. Lessing/Magnum, Paris 18h, 19. J. Limia 1er plat de couverture. Magnum, Paris 90b. Photothèque des Musées de la Ville de Paris 122. Pierre Michaud/Rapho, Paris 109g. Musée Albert-Khan, Boulogne-sur-Seine 56. Nick Knight 55. Réunion des Musées Nationaux, Paris 23d, 26g, 34, 36, 38, 39, 40, 41, 77, 84/85, 86/87, 92, 98, 104/105, 108. B. Rickerby/Sipa-Press, Paris 104b. Roger-Viollet, Paris 27g, 44h, 45, 46h, 46b, 47, 70, 83b, 90h, 96g, 96d, 119, 126. Scala, Florence 32b. Laurent Sully-Jaulmes, Paris 94. Sygma, Paris 88, 88/89, 89, 91. Sygma/Moune Jamet, Paris 21. T.C.D. Daniel Bouteiller, Paris 1. Thierry Mugler, Paris 54g. Top/Rozine Mazin, Paris 80b. Jean Vigne, Paris 49m, 130, 131. © Spadem, 1995 50h, 50/51.

REMERCIEMENTS

L'éditeur remercie tout particulièrement Jean-Loup Bourget, Anne Bony et Katell Le Bourhis de l'aide qu'ils lui ont apportée à la réalisation de cet ouvrage.

ÉDITION ET FABRICATION

DÉCOUVERTES GALLIMARD
DIRECTION Pierre Marchand et Elisabeth de Farcy.
GRAPHISME Alain Gouessant. FABRICATION Violaine Grare. PROMOTION-PRESSE Valérie Tolstoï.

MODES ET VÊTEMENTS
EDITION Frédéric Morvan. MAQUETTE Roberta Maranzano et Dominique Guillaumin (Témoignages et Documents). ICONOGRAPHIE Anne Soto. LECTURE-CORRECTION Catherine Lévine. PHOTOGRAVURE FNG. MONTAGE PAO Palimpseste.

Table des matières